博瑞森图书
BRAGE

企业阅读 本土实践

销售轨迹

一位快消品营销总监的拼搏之路

秦国伟◎著

中华工商联合出版社

图书在版编目（CIP）数据

销售轨迹：一位快消品营销总监的拼搏之路/秦国伟著．—北京：中华工商联合出版社，2014.11

ISBN 978-7-5158-1120-8

Ⅰ.①销… Ⅱ.①秦… Ⅲ.①长篇小说－中国－当代 Ⅳ.①I247.5

中国版本图书馆 CIP 数据核字（2014）第 232020 号

销售轨迹：一位快消品营销总监的拼搏之路

作　　者： 秦国伟
责任编辑： 于建廷　臧赞杰
责任审读： 郭敬梅
封面设计： 久品轩设计
责任印制： 迈致红
出版发行： 中华工商联合出版社有限责任公司
印　　刷： 三河市文阁印刷有限公司
版　　次： 2014 年 12 月第 1 版
印　　次： 2014 年 12 月第 1 次印刷
开　　本： 787mm×1092mm　1/16
字　　数： 200 千字
印　　张： 12.25
书　　号： ISBN 978-7-5158-1120-8
定　　价： 39.80 元

服务热线： 010－58301130
团购热线： 010－58302813
地址邮编： 北京市西城区西环广场 A 座
19－20 层，100044
http：//www.chgslcbs.cn
E-mail：cicap1202@sina.com（营销中心）
E-mail：gslzbs@sina.com（总编室）

博瑞森图书：企业阅读　本土实践

亲爱的读者朋友：

也许您是博瑞森图书的老读者，也许是新朋友，欢迎您阅读博瑞森图书！

当今中国，各行各业都存在着转型升级的压力与机遇。博瑞森图书与您一同应对转型挑战并发现其带来的机遇。

我们一直在问：什么样的书能为您解决管理难题并带来启发？

我们一直在找：哪些作品能帮助企业从跟随到领先？

我们一直在做：把最好的作品以最便捷的方式呈现给您，纸质版、电子版、书摘邮件、微信……

我们策划图书的原则是：

- 企业阅读——与您一样，做水中的游泳者，而非岸上的观众或教练，企业的困惑就是我们的任务。
- 本土实践——与您一样，立足本土环境，追求卓越实践，传播最适合当下中国企业的管理之道。

我们也向所有的企业管理者、管理咨询专家和企业研究者征稿，让更多被实践检验的好思想、好方法迸发出来，为企业助力！（bookgood@126.com或QQ：1963328416或手机号13611149991，绝非“自费出书”，不向作者收取任何费用）

如果有一天，您把博瑞森图书视为您优秀的事业伙伴、管理助手，我们也就实现了自己的梦想。

博瑞森图书

太空中的星球不停地运转，但是不管运转得快与慢，都离不开它们所自有的轨迹。销售人也如此，无论成功与失败，都有着特定的轨迹。

过程中有喜有乐，有苦有甜，而找到自己喜欢做的事并做一辈子，就是最大的幸福！

这里是我的故事，也是一代销售人的故事。

献给我的父母：将一生献给中国高等教育事业的真正知识分子！

献给为中国营销事业贡献思想的人们。

献给一生致力于销售事业的同道朋友们。

自序

每当夜深人静，我总是悄悄地起床，望着身边熟睡的妻儿，踮起脚，轻轻地打开卧室的房门，走进我的书房，拉起床帘，打开电脑。静静地冲上一杯咖啡，点上一只飘着淡淡蓝雾的香烟，播放着音乐，敲打着键盘，这是我人生中最快乐的时光。此刻我忘却了周围的一切，尽情地挥洒着我的销售人生。

时光如梭，销售生涯中的一幕一幕，犹如电影中的画面，时而快进，时而定格。一张张熟悉的脸庞，一个个思念的身影，仿佛就在我的面前。我知道这一切都一去不复返了，可我想留住这一切，我能做的，就是用文字来记录昨天的故事。

我经常问自己：为什么要写出这个故事？我是一个普通的销售人，没有刀光剑影的精彩格斗，也没有让人如痴如醉的优美篇章，我究竟要写什么？一连串的问号经常困扰着我，有时我真的不知道要不要写下去了。放弃很简单，轻轻地点击鼠标的右键，再点删除就一切结束了。这样我可以长长地出一口气，睡个好觉，有时还可以做个好梦。不过梦醒之后的第一件事，我又开始写作，准确地说应当是记录。

写作是需要功底的，我不擅于用文字表达自己，所以删了又写，写了又删。我是个销售人，我的最大优势是面对面地沟通，我可以把别人认为不可能卖掉的产品愉快地卖掉，并能与客户成为朋友。我开拓过无数个全国各地的陌生市场，大到北京、上海、广州，小到地级县、市，到处都留下过我的足迹。我有新朋和故友，布满了全国各地，就像我的销售网络一样。但我仅仅是一个普普通通的销售人，要想写出我的故事是要有勇气的。

我还是想要把这个故事写出来，我认为用心来做不需要优美的语言、动情的叙述，勿奢盼高超的技巧，这是一个真实源自销售人生活的动情故事，来自于那埋藏在心底深处的爱。

春夏秋冬，我们在其上生活的这个球体仍然按着它的规律在转动，生命的里程也在延续，一个人的故事也正在书写着……

目录

Content

第三章 销售巅峰，布局全国

第四章 人生抉择，校园充电

第五章 再入职场，依然飞扬

尾　声 营销人的归宿

第一章

销售起点，南方寻梦

第一节　离家南下，困难重重

"呜——"的一声汽笛长鸣，一列绿皮火车缓缓地驶出一座北方小城，它带着一个年轻人的梦想，向中国的东南方向驶去。

二十年前，22 岁的杨大同第一次离开家乡，想要去寻找一条属于自己的路。车窗外，农田、树木、房屋、小桥、流水，一道道美丽的风景，他却无心顾遐。耳边时时想起爸爸、妈妈临别时的话："孩子，在家能生活得好好的，为什么要去流浪？为什么一个人要去那么远的地方？"

很多乡亲们去南方闯荡，过年的时候，个个风风光光地回来。从不服输的杨大同，也决定出去闯荡闯荡。离开家的前一天晚上，他与一个关系很好的老乡通了一次电话，他告诉老乡自己要去找他。老乡吓了一大跳，立刻回答："不行啊，大同，你不能来，这里虽然到处充满着机会，但不是每个人都能适应的，每天都有成千上万的人来这里，但是大多数都落荒而逃了，我目前也是一无所有，我也帮不了你，你还是别来了。"

杨大同的心早已飞向那长满棕榈树的南方，倔强的他挂掉了公用电话，头也不回地去了车站。他认定了的事，一般人很难说服他。杨大同买了车票，一口气跑回家，跟爸妈说了他的打算。

爸爸什么也没说，妈妈的泪水流过眼角，起身回屋里了。大约十多分钟，两眼红红的妈妈拿出 20 张 10 元的钞票，哽咽地说："孩子，这是咱家一年没吃肉省下的唯一的一点积蓄，你带着吧，也许会有用得着的时候。”

杨大同默默地接过钱，坚定地说：“爸、妈，你们放心，我一定要赚到一万块钱，让你们过上好日子。”

“旅客朋友们，你们好，现在是午饭时间，列车供应盒饭，有到餐车就餐的旅客请抓紧时间，祝大家旅途愉快!”播音员清脆的声音惊醒了沉思中的杨大同，他环顾了一下四周，旅客有的在吃方便面，有的在买盒饭，旁边的大妈边吃边自言自语：“哎，还是女儿好，这么多茶叶蛋，我能吃好几天啊。”对面一对情侣正笑嘻嘻地互相喂着巧克力，杨大同下意识地紧了紧裤带。

一辆卖盒饭的车经过，他小声问道：“多少钱一盒?”

“十元!”推车的那个三十多岁的胖女人冷冰冰地说道。接着她又提高了嗓子大叫一声：“要不要?”杨大同摇了摇头。胖女人推着车继续吆喝着向车厢那头走去。

车轮碾压铁轨发出有节奏的咔嗒声，“列车前方到站，鹰潭车站，要下车的旅客请您做好准备，本次列车停站15分钟。”播音员的声音又一次响起。

鹰潭站是一个中转大站，站台上人群熙熙攘攘。

“盒饭两块啊，有菜有肉啊，快来买啊，快啊!”一个孩子的叫卖声传来，只见一个十几岁的孩子，拿着几盒盒饭，在车窗前来回走动。

杨大同简直不敢相信自己的耳朵，两块钱?心里暗喜，太好了。“喂，卖饭的，多少钱啊?”

小孩用狡诈的眼神打量了一下杨大同，说道：“两块一盒。”

“我来一盒。”杨大同从内衣口袋非常小心地摸出一张 10 元的钞票，把头伸出窗外，递给了窗下卖饭的小孩。

小孩接过钱，拔腿就跑，很快就消失在茫茫人海之中。

“我的饭，我的钱，强盗！强盗！还我的钱啊！”任凭杨大同怎么样叫喊，回答他的是一阵阵无序嘈杂的脚步声。

“算啦，小伙子，出门在外，要警惕啊，你干吗不叫他先拿饭给你，或者一手给钱一手拿饭呢，哎，要当心骗子啊。”邻座的大妈好心地说道。

周围的几个人也在劝他：“小伙子，在铁路沿线这样的事数不胜数，第一次出门吧，小心哦！”

杨大同一声不吭，眼睛盯着窗外。

站台上有几个穿着白大褂的人，推着小小的售货车正向这边走来，“火车要开啦，便宜的盒饭啊，十块钱三盒啊。”

又是盒饭，杨大同瞪大了眼睛，上半个身子全伸出了窗外，只见售货车上整齐地摆着一排敞开盒盖的盒饭，每盒上面立着一个鸭蛋，还有几块鸭肉和青菜。有了刚才的教训，杨大同一手紧紧地攥着钱，一边说：“先给我盒饭，我再给钱！”

“嘿嘿，好的，好的，十块钱三盒。”一个满脸微笑的小姑娘，麻利地从车上拿了三盒盒饭递给了杨大同，拿到了盒饭，他才放心地给了那个小姑娘十元钱。

“呜……”火车又启程了，继续向前方开去。

杨大同心想：这下我要好好吃一顿了。十几个小时没吃东西的他，的确是太饿了。当打开盒饭的盖子时，杨大同惊呆了，饭上的鸭蛋是一个立着的鸭蛋壳，几块鸭肉散发出阵阵恶臭，米饭也是馊的，三盒全部都一样。杨大同一下子从座位跳了起来，把三盒饭菜全扔出窗外，“骗子，骗子!”他像发了疯一样，不停地用双拳击打窗框，鲜血滴到座位旁纸箱上，他也浑然不知。

“呵呵，年轻人，又上当了吧。十元一盒的你不买，花了二十元，啥也没买到吧。”不知什么时候火车上卖饭的胖女人来到杨大同的旁边，丢下几句嘲讽，又继续吆喝去了。

杨大同目不转睛地盯着车窗外，一动不动。

“大哥，你好像很久都没吃东西了啊?”对面那个吃巧克力的女孩拉了拉他的衣角问道。

“没啥，我不饿。”杨大同赶紧回答她。

“吃吧。”那个女孩递过来两块巧克力，“吃吧，一个人出门在外，一定要多加小心啊，大哥，你也是去厦门?”

杨大同点了点头，接过巧克力，连谢都没谢一下子就吞进了肚里。女孩的男朋友送了一罐饮料给他，接着对他说道：“兄弟去厦门打工啊?”

“不是，去看看，顺便找一个朋友。”杨大同不好意思地答道。

“一个人在外，要格外当心啊，听说南方骗子、小偷很多，要千万注意啊。我们可是老乡哦，可以互相帮助的。”小伙子又一次提醒他。

杨大同下意识地摸了摸内衣口袋，只剩下100多块钱的他，此时可不能再乱花一分钱。换了个姿势，他紧了紧裤带，依然看着窗外。

无边的丘陵，层层叠叠，低缓起伏，线条柔和，好像绿色的波浪，推涌着，一直连向高远的天空。

天色渐渐暗了下来，车厢里的人因旅途的疲劳，大多都睡着了。

杨大同从他随身带的一个黑色的包里，拿出一个玻璃瓶子，到两节车厢的交接处，装了满满的一杯开水，准备用水充饥。刚刚走到车厢过道，突然，迎面来了急急忙忙的高个子中年人，只听“当”的一声响，瓶子掉到地上被摔得粉碎。

“不长眼睛啊！”“啪啪”两下，杨大同脸上顿时火辣辣的，这个蛮横的中年人伸手就打。

这时一个人走过来，抱住那个火冒三丈的黑脸汉子，小声劝道：“算了，算了，老大，没有烫到您吧？”

“怎么啦，怎么啦，谁欺负我大哥啊！”突然，旁边又冲出几个叼着香烟、满面通红、酒气熏人的小伙子，他们都光着上身，身上到处纹刺着十分难看的龙、文字和大刀的图案，流里流气的。

“赔钱！赔钱！你也不睁开眼看看，你烫到谁了，快赔！”冲在最前面的那个小胡子恶狠狠地抓着杨大同的衣领。

杨大同被这突如其来的事吓蒙了，“对不起，这火车有一些摇晃，可是我端着杯子走在边上啊，是你撞我的啊，我并没有故意去烫你，我也不认识你。”

杨大同这句话刚出口，几个流氓二话没说，冲上来就对他拳打脚踢，并吼道：“我们老大一身衣服就是几千块，你小子还把他烫了，还敢嘴硬，不想活啦，拿2000块来！”

“没有，没有，你们打死我也没有！”杨大同用手抵挡着砸来的拳头，一边擦了擦鼻血，使劲地护着上衣口袋。

小胡子上前一把揪着杨大同的头发，另外两个死死按住他的胳膊，那个所谓的老大从杨大同内衣袋子里抽出了一张一张 10 元的钞票，然后把他所有的衣袋全部翻了个遍，一伙人拿着钱扬长而去。

车厢里很快恢复了寂静，杨大同靠在车厢的一角，浑身无力，两眼直直地盯着车厢顶部，一动不动。满脸满身都是血的他，此时此刻已身无分文。

火车在不停地奔跑着，刚刚发生的一幕虽然很多人看见了，但没人敢上前，害怕这些坏人来报复，大家只是投来同情的目光。过了许久，杨大同突然发现身边多了一个方便袋，里面有几个茶叶蛋，同时还有一张纸："孩子，一上车我就注意到你了，你一定是一个第一次出远门的孩子，如果我没猜错的话，你也是许许多多去南方寻梦的年轻人之一，你的年龄应该和我的儿子差不多，他去年出去打工，本来说好的，今年国庆节带着他的女朋友回老家玩，可前天我接到他工厂的电话，他为了去拣马路上别人掉的一块钱，被集装箱卡车拦腰踾过，就这样离开了人间，我再也不可能见到我的孩子了。当我看到你这一路所遇到的事情，非常担心，孩子，回家吧。这些茶叶蛋是我女儿为我准备的，留给你吧。这 100 块你就当回家的路费吧，回家吧，南方不是天堂，不是每一个人在南方都会寻到好梦的，最后祝你好运。一个火车上的妈妈写于下车前。"

杨大同惊呆了，一上车就坐在他边上的大妈，原来是去办丧事的。这几十个小时的火车经历，是他二十二年从没遇到过的，心里想：天啊，我这还没到目的地，就遇上这么多可怕的事情，怎么办呢？是回家，还是不回家？

天生硬骨的他想："我不能遇到困难就退缩，不能现在回家，我还要闯世界，要去发大财。”

列车的广播又响起了：“漳州站到了”。杨大同看到下车的人流中的那位悲伤的大妈，对着她远去的背影，默默地说了声：“谢谢，妈妈！”

火车继续向前开着，天也越来越热，车上的人都纷纷脱去了身上厚厚的冬衣，有几个南方人居然穿起了短袖衫，车厢里有点乱，人们都在从行李架上往下拿东西，杨大同心想总算快到了，几十个小时的火车就这样挺了过来。此时的他又一次充满了自信。

车厢里的灯已大亮，广播里放着悠扬的歌曲，播音员那甜美的声音告诉大家终点站厦门就要到了。杨大同随着人流走出了出站口，南国的土地，一切都是新鲜而陌生的，出现在眼前的是从未见过的高高耸立的大楼，宽敞的马路，川流不息的车辆，一排排整齐的叫不出名字的树木。

天刚蒙蒙亮，出站口和车站的广场到处是乱哄哄的人群，到处都是听不懂的各地方言，杨大同感觉整个脑袋都大了许多。

天色慢慢地亮了起来，看来是阳光明媚的一天。卷闸门陆陆续续被拉起，商家又开始了一天的买卖。

杨大同从口袋里找出老乡薛强的电话号码，找了一个公用话亭打了过去。薛强接到电话有点意外，但是亲不亲故乡人，碍着家乡故友的面子，老乡还是显得很高兴的样子，叫杨大同待在电话亭，他马上就来。

天已大亮了，来回穿梭的车辆让人眼花缭乱，不管是凶是吉，先找到老乡再说吧。杨大同只有这么想了。

“嗨，兄弟！”杨大同的肩膀被重重一击，老乡来得很快。

杨大同从上到下仔仔细细打量了老乡一番，半天才从嘴里吐出几个字："薛强，你当老板啦，我真不敢认了。"这老乡可不是家乡的薛强吗，一身黑色西装，打着一条耀眼的红领带，身上背着个大皮包，让杨大同格外惊奇的是，他的腰上还带着一个黑乎乎的小方盒。

薛强笑了笑："当老板我可是天天想，但还要过几年吧。财也是要发的，现在还早着呢，大同，你别看我这一身衣服，这是我的全部家当，搞推销，这就是咱们的本钱啊。哎，光顾着说话，走，咱们去吃饭，看你那脸就知道没吃东西。先到我那，把行李放了，咱们好好弄一顿。这个黑盒子叫 BB 机，你要呼我，打个电话它会'滴滴'叫，你的电话号码就显示在这盒子上呢，这就是电视里说的'有事拷我'，呵呵。"薛强非常自豪地说道。

杨大同瞪大了双眼，半天没有说话。

杨大同随老乡一起沿着马路，来到了公交车站，随着老乡一声"上"，就跳上了一辆车。这时，他的脑子一直昏昏沉沉，不知道过了多久，好像有人说湖里站到了，就被老乡从车上拽了下来。

刚下车，一下子有四、五辆摩托车包围了过来，薛强很熟练地拉着杨大同跳上了最前面的一辆。

十二月的南国一点都不冷，风依然像北方初春的风，吹到脸上暖融融的，在马路上骑了一段，摩托车又拐到了一条小路，大约 20 多分钟，终于在一个三层的漂亮房子前停了下来。杨大同随着薛强来到了他租的房子里，大约十几平方米，里面没有床，一张草席，一根铁丝，铁丝上晒着几件脏兮兮的衬衣，这就是这位老乡的全部家当了。杨大同和薛强把唯一的一个行李包往地下一扔，转身就出门了。

不远处，有一个用铁皮搭的小棚子，里面只有两三张破旧桌子，是一个临时餐馆，有个好听的名字：老乡饭店，牌子上写着："老乡见老乡，两眼泪汪汪。"看来这店老板很了解打工者的心理，思乡是每一位外出打工者都会有的情绪。

老板见到薛强，又见他领了一个人，操着乡音对薛强说道："又来了一个啊！"

薛强笑了笑："这是我的好兄弟，今天咱们来个特色菜，顶级的。"

"知道了，小子，马上就来。"杨大同此时心情平静了一点，仿佛没出远门，还在老家的感觉。

"喂，你咋老愣着啊，大同，在南方愣头青可是没人理的啊。"

"来了，本饭店顶级招牌菜到！"老板两只粗大的手，托着一个很小的盘子，怎么看都是那么的不协调。

天啊！是杨大同最爱吃的咸鸭子蒸千张，雪里红炒肉丝。

薛强显得很得意，对杨大同说道："你是贵客，平时我每个月发工资那天才会来这里，不过只敢点半只鸭子，今天你来了，咱们好好吃一顿吧，不瞒你说，我也好久没吃上这么香的饭菜了。"

杨大同心领神会，立刻说了声"谢谢"，撕了一只鸭大腿，大口大口地往下吞。薛强和大同都一声不吭，片刻之间，桌子上只剩下一堆鸭骨头和空空的盘子，两人抬头看着对方，突然一起哈哈地会心笑了起来……

第二节　初入职场，推销洋酒

第二天，薛强带杨大同到了人才中介所，这里挤满了全国各地来的年轻人，里三层外三层，有大学毕业的、小学毕业的，有老师、画家、医生和国家干部，等等，真是人才济济。

整整转了一个早上，却一无所获。这时，杨大同才明白为什么报纸上说："寻梦的人要看运气，当你寻不到天堂，地狱一定是等着你。"没有人会多看这个北方小伙一眼。

杨大同感到非常茫然，薛强安慰道："别急，反正我有工作，有我吃的就有你的，我们一起住，等你找到工作，再还我钱吧。"

"兄弟，你真够哥们儿，将来我发达了，一定会报答你！"杨大同感激地说道。

薛强笑了笑，啥也没说，就拉着杨大同回到了小屋，毕竟是同学和老乡啊。

接下来的几天，杨大同每天都是第一个到中介公司的门口，最后一个失望地离去。口袋里仅有的几十元钱，必须算着省着用，基本上一天买一个饼子，带上一瓶自来水，就可充饥了。

一个星期后的早上，中介公司门口的一则招聘启事吸引了杨大同的目光：本公司是法国最大的洋酒公司，投资中国厦门，为公司发展需要，特招业务人员500名，工资1000～10000元，有无经验均可。这是贴在墙上的一张小纸条，虽然字写得歪歪扭扭，可还是没逃过杨大同那双渴望工作的眼睛，他一遍一遍地读着，又仔仔细细地数着工资数字后面的零，心里怦怦直跳，好像看到了一叠叠钞票。记下地址，他迅速去找那家所谓法国最大的公司去了。

虽然人生地不熟，但杨大同天生勤学好问，而且最关键是有韧性，他坚信鼻子下面是嘴。一路上差不多问了十几个人，终于找到了那家公司。

公司在一个住宅小区的最西面的一层，是一个两房一厅的房子，虽然楼房的外表有一点旧，但是公司里边非常干净，门上几个金色大字格外耀眼：法国环球国际洋酒厦门公司。看上去挺气派。

屋里屋外到处都是应聘的人，一个三十多岁的妇女，拿着一个小喇叭，高声地喊着："大家别挤，排好队，我们是国际大公司，你们每一个人都会有工作，请遵守纪律。"

杨大同想都没想，就加入了排队的人群中，很快他的身后又有不少的人，杨大同心里想：工作真难找啊，我一定要好好干，拼命干好，干得出色，这样，法国大老板一定会喜欢我。

整整排了两个小时的队，才轮到杨大同。

负责人接过杨大同的简历，看都没看，往一大堆纸张里一扔："下午来上班，交1000元押金！"

"1000?"杨大同急了，连忙说道，"我从外地刚来，没有钱交押金，我连50元都没有。"

"那不行，押金一定要交！"那人态度生硬一点商量的余地都没有。

杨大同突然脑袋一转，赶紧回头跑到那个拿小喇嘛的女人面前，大声问道："你不是说每个来的人都有工作吗？你为啥说话不算数！"

这个女人一见后面排着队的人都纷纷往前挤，想继续听杨大同说下去，赶忙拉着杨大同低声说道："小伙子，别着急，你有啥事好好说，别这样大声，让人听到多不好。"

"那有什么，反正你们不要我，我也没1000元押金，你们折腾了我一上午啊，哎！"

那女人一听，对着杨大同的耳边说道："不要急，我帮你想想办法，你现在不要再说话。"

"好！"杨大同一听，心里暗喜，说不定还有机会呢！

那个女人急忙跑到房子里，一小会，出来笑着拉着杨大同到旁边说道："我们讲话是算数的，这样吧，你每天早上到办公室打扫卫生，再出去跑业务，一个月，就抵你押金好吗？"

"好，一言为定！"杨大同高兴极了，仿佛天上掉下来一堆钱。

杨大同高高兴兴地往家走，一会跑一会跳的，心里别提多开心了。他可以帮薛强分担一半的房租，还可以添一点像薛强那样的行头和装扮了。兴奋之余，杨大同才感到肚子很饿了，他从口袋里摸出早上的那一个饼子，狠狠地咬了一大口，超过平时咬的。因为这几天，每一个饼子，都是等非常非常饿时，他才舍得咬上一小口。有几次，杨大同把饼子拿出来，实在舍不得吃，就闻一闻，又放回口袋了。

人在途中，杨大同坚信：人生就是拼命，坚持就是胜利。

下午2点整，杨大同准时来到了公司。和上午熙熙攘攘的人群完全两样，他数了数前来报道的人一共才21个。这21个所谓的幸运儿，个个神采飞扬。

他们当中除了杨大同没有交押金之外，还有两个女孩子也没有交。因为她们是在校学生，而且又是女孩，那个主管经不起两张小嘴的软缠硬磨，也放了一马。恰好，公司把他们三人分成一组，杨大同第一天上班就认识了两位女同事，他心里挺高兴。

21个人一字排开，一位穿着西服的矮个年轻人站在了他们的面前，虽然长相平平，但那双眼睛却是炯炯有神。他大声说道："大家下午好！很高兴各位朋友加入我们国际大公司，一起加入推销世界洋酒的行列，我们在厦门已全面开始进攻市场。大家马上到公司领两瓶样品，你们可以到大饭店，也可以到夜总会、超市等地方去进行推销，只要有销售，你们的提成是50%。大家想一下，一天你们卖掉10瓶，每瓶提成100元，一天就是1000元，十天就是10000元，一百天就是100000元，三年你们个个都是百万富豪，我希望这一天早日到来，那时我们一起喝庆功酒！"

哗哗哗，21双天真的眼神，42只辛劳的手，不停地拍着。这声音像是为他们的人生喝彩，但是他们哪里知道，他们的天真为那些骗人的公司又送上了一次行骗机会。

紧接着21个人被分成了7个小组，每三人一组，就这样，杨大同开始了他人生的营销生涯。

第三节　业绩惨淡，月销两瓶

人来人往的大街上，来自不同的地方，说着不同方言的三个年轻人，每人提着一个精制的提袋，里面放着两瓶洋酒，挨家挨户地推销着。但是，每一家几乎是同一种回答："不要，下次吧！""我现在很忙，明天来看看吧，老板不在，你们到别家看看吧。"最好的回答是："先放着，试一试吧，什么时候卖掉，再来结账吧。"可是现金交易是公司铁的规定。

一天的时间很快就过去了，当他们三人拖着疲惫不堪的身体回到公司，天已完全黑了，不过还有一些人没回来。

那个矮个老板好像很高兴，有人不停地在向公司报告，"我卖了10瓶"，"我卖了5瓶"，"我卖了4瓶"，"我卖了1瓶"。

这时，老板笑着问杨大同他们："帅哥，美女，你们卖了多少瓶啊？"

"我们没有卖掉。"

老板的脸立刻阴了下来，不过很快又恢复过来："你们加油，争取明天出好成绩吧。"

不知什么时间起，公司的墙壁上贴上了一张全体业务人员的销售表，老板往杨大同他们三个的名字下画了一个大大的零，特别刺眼，杨大同心里难过极了。

杨大同在日记中写下了：今天的收获是跑了50多公里的路，进了

82 家店，被一百个以上的人拒绝，吃了一个烧饼，喝了一瓶自来水，认识了两位女孩，一个叫林华，一个叫夏倩，洋酒一瓶没有卖掉。

时间过得真快，杨大同来到这个公司都一个月了。每天的早晨，他都准时来到公司，很认真地打扫一遍公司的卫生，然后拿着洋酒样品和两个女孩一起开始推销工作。

不过像是老天和他们作对，他们的销售成绩仍然为零。周围的人一见到他们，都称他们“零先生”和“零小姐”，还好在福建姓林的比较多，一般人分不出零和林的区别。每当这时杨大同总是解释：“一个女生姓林，一个姓夏，我姓杨，别都姓林啊，你们弄错啦。”每次总会引起人们的大笑。

这一天，杨大同来公司整整一个月的时间了，和往常一样，他搞好卫生又提着样品与同伴出去推销。可是今天只有两个人，夏倩不做了。一个月也没卖掉一瓶酒，她没有信心了，也没得到一分钱，没有意义啊。

杨大同也很失落，对另外一个女孩林华说：“我也不想做了，不过我还好，我能拿到 1000 元钱，明天应该给我 1000 元工资，拿到工资我也不想干了，越干越没劲！”

“你和我们一样，你为什么有底薪 1000 元？我们都白干了一个月啊。”林华很惊讶。

“我是帮公司搞了一个月卫生，他们应当算我的工资啊，工资算我的押金啊，虽然我一瓶没卖掉，但 1000 元工资是要有的。”杨大同庆幸自己当初的聪明，不管怎么样，可以得到 1000 元。

“林小姐，我们再试试吧，说不定能卖出去几瓶。”

林华说："恩，最后试一下吧。"

他们两人就一起出门了。

很奇怪，今天两人没有像往常一样去跑酒店，进超市，而是不约而同、不知不觉地来到海边。杨大同第一次看到大海，虽然来厦门一个多月，但他还没见过海。顿时，杨大同低落郁闷的心情一下子好了起来，何况明天是发工资的日子，那是他在厦门挣的第一笔钱啊。两人搭档这么久，还没说过几句话，此时两人都没有销售成绩，不约而同地来海边减压了。

林华问杨大同："喂，同事了这么久，还不知你是哪里人呢，听你说话怪怪的，一定是很远的北方吧。"

"当然是北方人啊，一看我的个子，我的样子，比你们矮小的南方人帅气多了，我一来这里，很多人说我是帅哥啊。"杨大同很得意地说。

可林华马上反击："帅哥在这里没用，一看你就很穷，你看你穿的啥衣服，真是老土，只有我家相片上过世的爷爷才穿的，哈哈，傻傻的北方人，跑这么远来我们这儿，真有意思。"

"你们南方人有啥了不起，不就是给你们弄个特区吗？来了些老外，有一些美国、日本老板来投资，你见过下雪吗？你划过雪橇吗？"这一下把林华问住了，好一会儿两人都不说话。

后来杨大同先开口了："林小姐，对不起，刚刚不该和你吵，我们都是同事，你也是我认识的第一个本地人。我不是有意贬低你们南方人，南方人很勤劳的。"

"不怪你，是我不好，我不该嘲笑你，其实南方和北方都一样！"

"杨，说实话，同学都说马上要毕业了，要去你们北方玩，再嫁个北方郎呢！你们北方的小伙子都很帅啊，可不像我们南方这些矮小的小男人！”林华也笑了。

这时，海滩上很多人在捡贝壳。

林华对杨大同说：“走，我们一起去蹚蹚海，捡贝壳吧，给自己放半天假，反正那洋酒也卖不掉。”

“好！”杨大同和林华一起把样品酒往沙滩上一扔，脱了鞋，向大海奔去……

不知不觉中太阳已经偏西，两个年轻人高兴地聊着。一个讲南方海的故事，一个说北方山林中狼吃人的事。他们坐在沙滩上拍打着脚上的沙子，很远处都能听到他们纯真的笑声。

突然，杨大同大叫一声：“哎呀，完蛋了！港湾大酒店的经理今天让我送酒啊！”

这时林华也跟着跳了起来。

“上星期港湾大酒店说今天下午可能要订货的啊！”杨大同再次说了一遍。

他们匆匆忙忙地拔腿向港湾大酒店飞奔而去……

当两个年轻人赶到港湾大酒店时已经黄昏了，门口有很多人，原来是一对新人在举行热闹的婚礼。

照相机、摄像机不时地对着那对新人，以及前来向他们道喜的宾客。杨大同和林华直奔酒店楼上的经理室。

“您好！我是法国洋酒国际公司的，来给您送酒的。”

“喂，你们也真行啊，到手的生意竟然这样做，你再迟来一分钟我就坚决不要了！还要找你们公司赔偿损失，你们知道吗，婚宴马上就要开始，就等着你们的法国酒呢！”

杨大同再三向经理道歉，并告诉她他们的酒卖得很火，一下午都在给人送货，所以耽误了一些。

林华的两眼都瞪大了，这个北方小伙可真会说谎，明明在大海边玩了很久，差一点儿忘掉这事，他还挺会圆的。

酒店经理看杨大同满头大汗，并且一脸诚恳，也就没有再计较。港湾酒店一共要了两瓶酒，每瓶500元，这是杨大同人生的第一笔生意。他很小心地把1000元现金放进了衣服口袋，他必须交回800元给公司，按照公司的提成比例，他可以得200元。

从酒店的经理室出来，杨大同非常得意地吹着口哨，身体扭来扭去地往楼梯下面走。

突然，杨大同好像想起什么，回头看林华，发现林华一脸不高兴。

杨大同不解地问：“我们有销量了，你为啥不高兴？”

“那是你辛苦所得，和我无关，我和我的同学都是零，看来是应该跟公司说拜拜了。”林华低下了头，眼圈也渐渐地红了。

杨大同一把抢过林华的两瓶样品酒，掏出1000元往林华的手上一塞：“这就是你卖的。”

“不，不，是你的。”林华连忙要把酒拿回来，把钱还给杨大同。

“叫你拿就拿，你要听我的，我是男生！”杨大同突然变得义气起来。

他们互相拉来拉去，不知不觉到了灯火辉煌的港湾大酒店门口。这时，门口陆续又来了很多人，只听主持婚礼的人一声“开始！”，鞭炮礼花齐鸣。门口的人们都往酒店里面跑，杨大同和林华正要往外走，可是怎么也挤不出去，被人群一起挤推着，向婚礼宴会厅涌去。杨大同看着林华，林华看着杨大同，他们有点不知所措……

杨大同和林华只能顺着人流进了宴会大厅，婚礼非常气派，宴会厅铺着红色地毯，整个厅差不多摆了300多桌酒席，新郎、新娘的主桌摆在主席台上，放着巨大的花篮，舞台墙上悬挂着新人的巨幅结婚照，可是最让他们两人惊讶的是：他们刚刚送来的法国洋酒也已摆在了桌上。他们进店到现在不过才十分钟的时间，可见这位酒店的采购经理的做事速度之快，真是一个高标准的大酒店。每一行酒桌旁都有一排站得笔直的服务小姐，大部分酒桌上都已坐满来宾。

这时一位胸前配花，两只手上戴满了宝石戒指，脖子上有一条很漂亮的珍珠项链，一看便知是新郎新娘的亲友的女士走了过来，从她的笑容中就看到了喜气。杨大同猜想着：是他们的姑姑，还是姨娘？一看就是个非常有钱的阔太太。杨大同心想：这一家人肯定很有钱，婚礼如此豪华，肯定要花很多钱，我们家乡的婚礼和他们真是没法比，一个天上一个地下。

只见那个阔太太来到杨大同他们面前，用闽南话对杨大同说着什么，杨大同慌张起来，因为他一句都听不懂，只好故意装作咳嗽，他把林华拉到了自己前面，他一边对那个女的笑，一边用手捂着嘴，还不停地咳。

那女士又对林华说了几句，林华很沉着，对她说了几句，只见她领着林华和杨大同来到一张酒桌，让他们俩入座，然后就去招呼别人去了。这时杨大同悬着的心放下了，看着林华又不敢笑，趁着没人注意，他向林华竖起大拇指，林华的嘴角露出一丝得意的微笑。

婚礼正式开始，一位口若悬河的司仪大声地说着，台下一片片笑声，就连杨大同身边的林华也跟着不停地笑，可是杨大同一点也听不懂，心里却默默地念着：快上菜啊，好饿啊。终于上菜了，杨大同和林华都不说话，只是不停地吃着菜，杨大同基本上也不知道这些菜的菜名，也不知道这些菜好不好吃。可是服务员每上一道菜，杨大同都像主人一样，问这是什么菜，林华边吃边拉了拉杨大同，示意他别老问这问那，赶紧吃饱，准备随时开溜。杨大同顿时一言不发，又吃菜又喝汤，一口气喝了三瓶啤酒。

婚礼很嘈杂，乱哄哄的，但是舞台上有魔术表演，有西洋舞蹈，还有相声和方言的古装戏，宾客们很尽兴，宴会场上不时发出阵阵的笑声。大约半个小时过去了，新郎新娘开始给每一个人敬酒表示感谢并散发喜糖、喜饼，不过这300多桌的客人敬完可是不短的时间，杨大同和林华基本上已美美地享用完这顿大餐了。这时，婚礼达到高潮，是一位只有电视上能见到的明星出场，为大家带来是一曲《永远999!》

舞台彩灯四起，彩蛋礼花咚咚地炸响。很多人都拥上前台，目睹明星风采，并争着和明星合影留念。而杨大同和林华却一起悄悄地离开座位，他俩一边说话一边往外走，像是在讨论事情一样，边说着边走出酒店，他们的步子很慢，很悠闲的样子，不停地往前走。刚过一个拐弯处，杨大同轻轻地对林华说道："跑!"一把拉着林华拼命地往前跑，一会就消失在夜幕之中……

不知跑了多久，两人停了下来。这是他们人生中第一次这样的经历，也是杨大同人生中第一次享用这样丰盛的晚餐，只是吃得心惊肉跳，多亏和一位本地的同事一起，不然穿帮了那就麻烦大了。

杨大同往身后看了看，这才放心地对林华说："今天真走运，不但开张了，销售了两瓶洋酒，还有免费大餐吃！"

林华"咯咯"地笑个不停，说："我一直很害怕，万一被发现了，不但学校知道了没面子，要是我老爸知道非打死我不可，我可从来没做过这种事。"

"你老爸这样凶，还打女儿？"

"我老爸很凶，从小我家教很严，我家没人敢不听老爸的话。"

"你老爸是做什么的？"

"这个保密，我不告诉你。"

杨大同十分气盛："有机会让我会会，我最喜欢和所谓的凶神恶煞打交道，我从家出来，碰到了很多事，也是见过世面的！"

"不许你这样说我老爸，想见我老爸，你没资格，你以为你是谁啊！"

杨大同见林华有点生气，急忙把话题一转："天不早了，我们明天公司见吧，你销两瓶酒有200元提成。我拿回我的工资，把两瓶样品还给公司，我再找工作，我不想做销售，卖东西太难了。我想进工厂当工人，不想当推销员了，我在这里都吃喝我老乡很长时间了。"

林华看了看杨大同，说："好吧，在这里换份工作不是很难，但找到适合自己的却不容易，我还没出校门就换过四份工作了，人生多一份工作多一份经历，北方小伙祝你好运！"

杨大同很佩服这个比他小好几岁的姑娘，已经做过四份工作，怪不得每天出去谈事情她都如此老练。

杨大同见时间不早了，就对林华说："谢谢你，今晚和我一起吃饭，真是有惊无险。"

林华对杨大同笑了笑说：“再见!”转身就拦了辆出租车走了。

杨大同有点纳闷，这位南方小姐还是学生，几次来公司上班都是坐出租车，平时出去花钱也很大方，他们做了一个月了，没有业绩，每天中午林华和她的同学好像都是去饭店。杨大同想，明天去公司要好好问问这位小姐，她是本地人，看能不能套点近乎，给自己介绍一份好工作。毕竟出门在外，多一个朋友多一条路。

第四节 老乡离开，独自奋战

杨大同和林华分开以后，心情不错。

眼看来特区已经一个月了，明天就会拿到应得的工资，一想到此事，杨大同要做的第一件事就是还薛强的钱。已经给老乡添了很多麻烦了，而且薛强做推销也很辛苦，虽然每个月都能看他拿回一些钱，但是他明白薛强的志向，他是想有了积累后，回老家干一番事业的。自己必须尽快地独立起来，千万别拖了老乡的后腿。想到这，杨大同不由得加快了脚步，向他和薛强合住的出租屋快步跑去。

今天晚上薛强回来得很早，把出租屋收拾得很干净，薛强整理好四个纸箱，都用胶带纸封上，做成了一张桌子，上面铺着一个很大的装机器用的塑料薄膜。桌子上摆了几个刚来这里时，薛强请杨大同吃的菜，还有两瓶白酒。

薛强抽着烟，好像等杨大同很久了。杨大同一进门，薛强就埋怨起来："哎呀，你今天怎么这么晚才回来，我都饿死了，等你等到现在，怎么搞的?"

杨大同一边笑着一边得意地告诉薛强，今天不但吃了免费大餐，而且明天就要拿到工资了。

薛强也大笑起来："你们真行，也够大胆的，被人发现了，非打死你们两个，哈哈!"

接着薛强又来气了："大同你也不够意思啊，重色轻友，这么美好的夜晚和厦门女孩一块吃喜酒，还不先告诉我一声，让我等这么久。"

"哎呀，薛强，咱们是好兄弟，千万别在意，下次我一定打你的拷机，我发誓！"

"大同你也较真，哈哈，算了，今晚我们一醉方休，下次你也别打拷机了，我要回家了！"

"回家？你真的回家？"

"大同你看。"只见薛强把随身带的一个小包在杨大同面前晃了晃，杨大同看到一叠一叠崭新的百元钞票，一看就是从银行里刚取出来的，连封条都在。

薛强说："这些年我打工赚了6万块钱，我要回家了，我谈好了一个小食品的代理，我在老家做产品的分销。建立销售网络，差不多3万元就能做起来，可以保证每月能赚1500元，如果做好了还远远不止这些，这样我建小学的梦想就可以实现了。我和老家的学校联系过了，3万元可以改变很多孩子的命运，赞助3万元，我就可以当学校负责管理的副校长，这样我每月再拿出1000元请两位好老师。我从小就喜欢读书，可是我家太穷了，太苦了。今天我太高兴了，我终于赚到了6万元了，我要去实现我的理想，让我们家乡的孩子都插上上大学的理想的翅膀，扬起生活的风帆。怎么样，你看我的理想伟大吗？"

"恭喜你，薛强，你太伟大了，真的很了不起！"

薛强笑了："其实我没有那样崇高，我只是想实现梦想和寻找一位当老师的她啊！"

两人都大笑起来，杨大同和薛强各自拧开了一瓶白酒，酒瓶对酒瓶砰的一敲，一仰脖子，咕咚咕咚，两人畅饮起来，两个来自北方的小伙永远是这样直率、豪爽。

一个晚上，杨大同吃了两顿丰盛的晚饭，虽然一顿喜宴大餐吃得提心吊胆，但是和薛强在一起两人真的喝醉了，在异乡的唯一好朋友将离开这里，杨大同十分留恋这份真实的情感，在老家两人相处得很一般，可在异乡他们胜似亲兄弟。

杨大同对薛强说道："这些天你对我的照顾我会记下，借给我的钱我以后会还给你，感谢好兄弟。"

"没关系，谁叫咱们是老乡呢，大同，我要走了，你要多保重，要拼就拼出个样子。南方虽然不是天堂，我虽然离开了，但是你留下就要坚持下去，一定会有所作为的。"

南方的早晨空气很好，薛强已踏上回家的旅途。杨大同先找了房东，房东告诉他，薛强已将他的情况告诉了他，薛强提前帮杨大同付了三个月的房租，希望他不要再担心了。

杨大同在这个8平方米的小屋里整理着洋酒的资料，把两瓶样品酒放到一起，今天就工作整整一个月了，他想交回资料和样品，这酒太难卖了，价格如此的高，超过同类好几倍，他对产品也失去了信心。不过，唯一高兴的是一个月没有抱个"大零蛋"，也算给自已加入销售这一行一个交代。

他在公司做清洁工作，每一天把桌椅都擦得非常干净，还经常帮公司把酒搬来搬去，体力活做了不少，可是一出门运气就极差，遇到的都是拒绝。不管怎么样，先拿到工资，再另寻出路吧。

杨大同赶紧收拾了一下，就匆匆忙忙地到公司去了。

第五节　公司跑路，前程未知

以往，杨大同是最早来到公司的人，整理完办公室，其他业务人员才陆续到来。特别是几个经常被表扬的业务员，经常来得很晚。全公司的人都知道，今天是发工资的日子，当杨大同来到公司时，门口已经聚集了很多人，但公司的大门却紧锁着，大家不停地敲打着门。

杨大同感到有点奇怪，就挤上前爬到窗口一看，顿时傻了眼。房间里到处是空的包装盒和几个破旧不堪的空酒瓶，一地的废纸，原先那些记录考核成绩的表格扔得满地都是，屋里早已空无一人。

有人报了警，警察撬开了公司的大门，大家都拼命地冲到屋里，到处找找，看看是不是能找到点什么，挽回一个月白干的损失。那几个销售冠军拿着一叠老板签了字的提成单，一直在骂娘。

杨大同整个心全凉了，此时此刻，他已深深地领会了一无所有这个词的深刻含义。

这时，走过来一位同事，径直跑到杨大同身边，捣了捣杨大同："喂，兄弟，咱们真惨了，我一分钱都没有了，借我一块钱乘公交车吧。"

杨大同看着同在风雨中拼搏的同事，从衣服的口袋里拿出一块钱给了他，这是杨大同现在身上的一半财产。虽然是叫不出名字的同事，但他知道这人从没讥笑过他。

拿钱的同时，杨大同的衣袋里掉出了半块烧饼，周围很多人，杨大同很不好意思，用脚把饼子往墙角一踢，说：“这个烧饼太难吃！”没有人理会杨大同，只有刚才那个借钱的人不停地谢他。

过了一会儿，大家都知道不会有什么收获了，慢慢地散去，可每个人都是愤愤不平的。

杨大同见四周没人，立刻惦记起那半块烧饼，要不是大家看着，他一定会捡起来。他快步来到墙角，快速拾起烧饼，拍了一下灰尘就往嘴里放。

“大同，我有话跟你说！”

杨大同一愣，一看是林华。杨大同赶紧把烧饼藏到衣服里，一本正经地说：“林华小姐，你好，您找我有事吗？我们都被骗了，不过你是幸运的。”杨大同边说边勉强地笑着，他想林华不管怎么样卖掉两瓶酒，多多少少也不会亏。

可是林华并没回答他，一把拽着杨大同：“我注意你很久了，北方小伙，你很坚强，卖酒的钱你拿着，如果我们有缘，以后你可以把钱还给我，如果那样，我还会做你的女朋友！”

天啊，杨大同被林华这话吓得半天没回过神，只是同事一场，南方的女孩竟然如此大胆。林华把昨天卖酒的1000元钱放到杨大同手上，快步地离开了。

“喂，林华，你的电话，你住哪里啊，我怎么样还给你啊！”杨大同边喊边追，可是已不见林华的踪影了。

茫茫人生，一切对这位北方小伙来说如此不顺。

杨大同回到了出租屋，手里捏着这沉甸甸的1000元，内心波涛起伙。短短一个月的时间，这位北方小伙和那位美丽的南方姑娘已暗生情愫，但是彼此都很清楚，这场爱情是没有结果的。杨大同的一切都刚刚开始，居无定处，而姑娘也是前程迷惘，何况她还是一位在校学生。不过这姑娘的身世却很神秘，和杨大同在一起从来不提她的家。杨大同手里的钱就是那女孩对直率、真诚、善良、勇敢的北方小伙的大胆示爱。

夜已深，四周静悄悄的，杨大同在洋酒公司的工作也画上了句号，在最后的销售日记上，杨大同没有写客户谈判技巧，也没有写销售拜访数据，而是写了一首对林华的小诗：

夜已深，情亦浓
南方的你，北方的我
相隔千里，爱无距离
这不是游戏
也不是友谊

你已走，我要飞
南方的你，北方的我
何时相见，心息相通
不知道何时我们能相见
让我大声地说句
我爱你

第二章

销售低谷，养精蓄锐

第一节　残酷面试一：即兴演讲

“我要赚到钱，要活下去。”每天早晨，杨大同都会这样提醒自己。每天，杨大同都会到人才市场报到，报纸是他的生活必需品，甚至于超过了一日三餐。不过来厦门好多天了，没有一天有三餐，他也习惯成自然了。

房东的脸色没有薛强刚走时好看了，隔三岔五地来找杨大同聊聊房租的问题。杨大同在无助的等待中、徘徊中度过每一天，终于等到了一个公司的面试通知。

这是一家营销公司，据说是做新型的房地产开发。应聘的人和以往一样，人山人海。不过有点特别的是，该公司一再强调：我们不要花拳绣腿，我们要一流的、真刀真枪的“职业杀手”，我们会让大家在竞争中得到工作，得到丰厚的报酬；这一切的关键是看谁能战胜自己，通过我们公司的五道关；我们不会要大家交任何保证金，我们只要大家有一颗智慧的脑袋。

杨大同不知道能不能过关，但是他十分愿意试一试，这也是对自己能力的测试。杨大同知道人生不是光会吃苦耐劳就能成功的，它需要不断的追求和进取，要有永不放弃的精神。既然踏入销售这一行，就要坚持不懈地走下去。

杨大同报名时发现，这个公司很特别，公司只要求写下自己的名字，而不需要留下任何个人资料，这和一般的公司太不一样了。

因为没有任何限制，也没有任何门槛，报名的人非常多。第一天，来面试的人很多。

上午 8 点，一位十分潇洒的男士，年纪在三十岁左右，做了过关总动员。这位男士一身立领中山装，一副金丝眼镜的后面是一双十分睿智的眼睛，他面带微笑，说话的速度舒缓，每一个字词都说得十分清楚。

他说："今天，是第一关，希望大家调整好心态，我们公司要选拔一流的人才，我们会很严格要求大家做每一件事，希望大家能顺利过关，因为精彩还在后面，即使有些人失败了，被淘汰了，我认为这也会给你今后的人生一个很好的启迪，或许会影响你们的一生。这些关都是港、澳、台地区和美国、欧洲的经典之作，设计者都是世界上最顶尖的专家、智囊。现在我告诉大家第一关，请听好：每一个人必须战胜自我，要想赢得天下的生意，你们必须要让别人认识你们，要让别人在最短的时间知道你们是谁，是干什么的。你们要对自己进行一次极速传播，面越大越好，影响力越强越好。我给大家一个提示，那就是在人流最多的地方进行演讲，围观的人越多越好，现场的气氛越热烈越好，我们会按效果给每一个人打分，合格者留下进行第二关，完毕！"

人群中像炸了锅一样，人们七嘴八舌地评论着："这怎么办，这多难啊，丢死人了，哎！算了，走人，这是啥过关，我看这公司的人都是精神病、疯子。"人群中渐渐有人离去。

突然一位女孩对这群人大声说道："各位朋友，请留步，请你们认识我后再走行吗？"

她这样一说，还真有人停下了脚步。

"我来自湖南，刚来厦门这个美丽的海滨城市，我爱上了这座城市，因此我来这里应聘，我想得到这个工作，我想得到大家的支持……"

人们哗哗地鼓起掌，这位主考官看着这个湘妹子，很高兴，当场让她留下。

这时又有一些人上前演讲，介绍自己，人群中不停地发出掌声，但是还是有很多人离开了。

杨大同心里有点急，他不想在第一关就回去，那样太狼狈了，敢出家门就要敢拼命！不就是演讲吗，这应当是小意思。他在想如何在最短的时间里，给许许多多陌生人留下深刻的印象。已经走了很多人了，因为很多人觉得这样的招聘没多大意义，像一群疯疯癫癫的人，围观的人也在渐渐地减少……

杨大同忽然飞快地跑到公司的门卫室，还没等门卫反应过来，他双手一扛，把门卫的那张桌子扛了就跑。

"喂，你干什么啊?"门卫急了，赶紧追了出来。

这时杨大同已跑到公司的大门口，放下桌子，对门卫大声说："你叫什么叫，不就是借一下桌子吗?"

门卫也火了："你这分明是抢劫，哪里是借，你是什么人，你要干什么?"这边争吵声越来越大，人们纷纷围了过来，原来走得不太远的人都被这吵闹声吸引，大家都来看个究竟，以为逮到了窃贼。

杨大同看时机已到，飞身一跃，跳上了桌子，三下两下把领带从脖子上拽了下来，往头上一扎，有点像摇滚音乐人士呢，然后开始了他人生的第一次演讲：

我来自北方，一个会下雪的地方，我不知道我的明天会在哪里，但是今天我在这里，我要飞，我要飞得更高。我一无所有，但我有一颗拼搏的心，伴我到永远，今天，请你们记住一个普通的名字：杨—大—同，明天的我一定会不平凡，因为成功永远属于爱拼的人，我一定会成功。下面，我为朋友们献上我现场创作的小诗，希望大家喜欢！

我站在这桌上，听到掌声响起来
我苦苦地追求，追求智慧的味道
我不停地奔跑，追赶成功的脚步
我放飞我的心，迎接胜利的光芒

……

很多人被他的气势感染，因为出门寻梦的人都有一颗永不认输、永不低头的心，杨大同的行动打动了大家。

那位主考官跳到了桌子上和杨大同来了个拥抱，那桌子摇摇晃晃，两人一起做了个 V 字手势，赶紧从桌子上跳了下来。这时的杨大同嘴角露出一丝胜利的微笑。

接下来，有的人不但大胆地介绍自己，还把自己的简历现场编成舞蹈，边跳边唱；有的人用英文朗诵；最特别的是一位湖南的女孩和她的同伴表演双簧，引得路人哈哈大笑，掌声阵阵。这真是八仙过海各显神通，人海茫茫，高手如林。

主考官异常兴奋，他知道这里面一定有金子。

第二节　残酷面试二：应变能力

第二关来的人虽然很多，但比前一天要少一半以上。

早晨八点，那位潇洒的主考官出现在人群中，虽然他看起来神采奕奕，但微肿的眼袋遮挡不住他的疲倦。

杨大同猜想，像他们这样的人夜生活肯定是丰富多彩的，一身洋装，动作是那样的自信。杨大同心想，我何时能出头，像他那样多好啊。

主考官发话了："大家好，今天是面试的第二天，我非常高兴有这么多人留下来，虽然每一天来的人比前一天要少，但是大浪淘沙，英雄一定在最后，我希望每个人都能坚持到最后。大家不要在意是否能全过关，在这过的每一天，无论对你们现在还是将来都会有很大帮助。好的，我马上宣布第二关的内容，祝大家好运！"

主考官顿了顿，继续说道："第二关要考验你们的应变能力，以及在无助的情况下，如何出色地完成任务。大家排好队，每一个人领一个袋子，把身上的所有物品装进去，我们会写上名字和编上号码。你们身上不许有任何物品，我们将把你们带到 50 公里外的目的地，然后大家原地解散。在 2 小时之内回到这里为成功，超过 2 小时回到这里就是失败。如果你们在途中想放弃，就举起左手，在空中划三个圆圈，公司会用车把你们带回来，这也标志着你们和公司无缘，领回自己的物品就可以离开了。好了，大家马上开始准备，我希望明天还能再看到大家。”

话音刚落，就有一些人放弃走了。

杨大同自己鼓励自己：出来就要拼搏，能拼到哪一步算哪一步。没多想，把仅有的一些钱、钥匙、身份证等往袋子里一放，就跳上了汽车。

汽车开得不快，差不多一个小时多点到达目的地。杨大同在车上绞尽脑汁也没想出在规定时间内回到公司的好办法，只有一个信念，见机行事吧。

最后，杨大同想出的唯一办法就是徒步跑回，这看起来有点不可思议，但这是没有办法的办法。汽车一停，杨大同为了抓紧时间，一下就从车窗跳了出来，一路往回狂奔。

跟车来的主考官望着杨大同远去的背影说：“呵呵，我们也不是在招收马拉松运动员，我看你有多大能耐，能跑得过汽车吗？如果你能跑得过汽车，就可以参加奥运会啦！”

其余的人都在抓耳挠腮，希望能想出个绝妙办法来完成这个近似苛刻的任务。

杨大同不知跑了多久，渐渐地没有力气了。他看到不远处有一群学生正在写生，他走过去向一位学生问道：“到市区还有多远？”

一个学生很惊诧地从头到脚看着杨大同：“很远啊，不过不远的地方有公交车，差不多一个多小时到市区吧。”

杨大同知道无论怎样跑也不可能按时赶回公司了，必须要乘车，不然除非长上翅膀变成一只鸟，可惜自己不是活在神话故事里。

突然一个奇妙的想法出现在杨大同的脑海里，他向这个学生要了一些红色的颜料，然后就继续赶路了。

杨大同边走边想，有车站的地方一定会有很多车，但他没有钱是不可能坐上车的，但不坐车又不可能完成任务，他想起刚来时薛强请他坐的摩托车，这时杨大同只有背水一战，必须搞定一个摩的司机。对，就这样决定了。杨大同暗暗在心里念叨，没有别的办法，只能这样了，这不是欺骗，是急中生智，是策略。想到这里，杨大同胆子大了起来。

车站附近一辆红色摩的的司机在东张西望，寻找着目标客户。杨大同悄悄地向前靠去，当他离车很近时，杨大同突然一声尖叫："哎哟！哎哟！"这一叫，摩托车一下停了下来，只见杨大同蹲在地上，用手捂着脚。

司机觉得有点奇怪："对不起，我好像没碰到你啊。"

这时已围观了不少人，其中一人说："你看他的脚流血啦，快去医院吧。"

摩的司机一看杨大同手红红的，吓得半死，叫杨大同赶紧上车去医院。

杨大同坐上摩托车，司机一边开一边向杨大同诉苦："兄弟，我干这一行不容易啊，上有老下有小，老婆还有慢性病，但愿你没有大伤啊！"

杨大同坐在车后，对摩的司机说："出门在外大家都不容易，都在讨生活，这样吧，你把我送到市区，这事就算了。"

"没问题！"摩托车司机心里暗暗高兴，今天碰到一个好说话的，要遇到难缠的不知要赔多少医药费、检查费、营养费……

摩的司机载着杨大同开足马力向市区驶去，杨大同坐在车后座一边

"哎哟"地叫着，一边看着涂满红颜料的手偷偷地乐，同时也有一丝的歉意。

摩托车开得很快，一会就到了市区。杨大同下了摩托车，对摩托车司机挥挥手，说声再见，就一蹦一跳地往公司跑去。

那个摩托车司机好像也感觉到什么，如果真的被撞伤的人是不会这样活蹦乱跳的，但是他永远不会知道杨大同流出的血是红色颜料。要是知道的话，他一定会把杨大同揍个半死。摩托司机咕隆几句闽南话，就开走了，他还要去做生意。

杨大同一到公司就大声说道："报告，杨大同前来报到！"

公司的人事经理让杨大同在一份表格上签了名，还给他装他东西的袋子，恭喜他过关，并请他明早八点来公司进行第三关的测试。

杨大同脸上露出胜利的笑容，因为他明白，接下来竞争对手越来越少了，因为今天会有很多人被淘汰，不过接下来每一关也是越来越难过了。

坚持就是胜利，他这样告诫着自己。

第三节 残酷面试三：沟通能力

第三天，来公司面试的人已经不多了，杨大同粗略数了一下，有300人左右。杨大同心想如果能过5关，不知还能看到多少人。

可能昨天的那一关比较刺激，所以今天来的人精神都很好，个个斗志昂扬的样子，都很兴奋。大家在不停地交流，相识是缘，大家都互相诉说着昨天自己是如何回到公司的，仿佛经历了一个传奇故事，每一个人都露出胜利的笑脸。

杨大同很低调，首先他不好意思说出自己运用的“雕虫小技”，其次他的性格如此，喜欢听，喜欢思考，不太张扬，这也是他在今后的人生中的过人之处。

不一会主考官又像昨天一样出现在大家面前，大家一下子变得很安静。“我很高兴又一次和大家见面，今天的第三关是这样的，我们公司注重快速沟通，沟通是人生中一个重要环节，今天的任务是用最快的速度与别人沟通、相识、交流，要求大家在2个小时的时间里，认识100个人，并拿到100张他们的名片。当然，这中间可以是你们原先认识的人，也可以是陌生人，公司希望你们结交的是陌生人，当然，我们也不会对此做强制要求，关键是看大家快速交流的能力。真诚地希望明天我还在这里和大家一起共度第四关，完毕。”

这一次，大家没有像前两天那样，呼啦啦地跑开，看来留下的人都挺沉得住气的。有人在自己的业务包里搜寻着，有的人拿出以前的名片盒，在一张一张地数着，看看还差多少张，准备把它补齐。

杨大同在上一家洋酒公司工作时，交换的名片不多，离100张差得很远，但是公司要求的时间很短，要想拿到这么多名片看来只有走上街头了，杨大同决定上街去。

大街上熙熙攘攘，人们看上去都很匆忙。

这时杨大同看到前面来了一个中年人，提着皮箱，他迎了上去，和他攀谈起来："先生您好，您是出差还是旅游?"

那个男子也很随和，笑着对他说："小兄弟，这个季节像我这样的人会旅游吗？我是做业务的，销售电子产品。"说着，那个男子从皮包里拿出一个方盒子给杨大同介绍起来。

杨大同根本听不懂，并且也不感兴趣，只好打断了那个男子的话："大哥，我们是同行，我也是做业务的，不过我今天的任务是要拿到100个人的名片。"

可能是天下销售人同病相怜的缘故，那个男子二话没说，递上自己的名片："小兄弟，给，有生意帮忙介绍啊，给你分钱的。"

杨大同道了声谢，赶快去找第二个人要名片了，今天一开头挺顺利。第二个目标是个女孩，刚从一家超市出来，杨大同上前说："你好，我是做销售的，正在考试，需要100个人的名片，你能给我一张你的名片吗?"

女孩摇了摇头，没理杨大同就走。

杨大同急了，时间不等人啊，他赶忙追了上去。

还没等他开口，那个女孩说话了："莫名其妙，我为什么要给你名片，给你名片，你天天骚扰我怎么办？你再跟着我，我就报警了！”

杨大同心里咯噔一下，碰到难讲话的了，算了，下一个吧。

第三个人不像前两个，杨大同刚一开口，那人火气很大，一把抓住杨大同：“什么？你要我的名片？是不是拿着我的名片去诈骗！走，去公安局！”杨大同再三解释，这时，那人的大哥大响了，他才松了手，杨大同算是逃过一劫。

真是倒霉透了，这之后碰到的几个人，个个像凶神恶煞。杨大同很气愤，可是任务还是要完成的，只能忍着。

一个小时过去了，杨大同才搜集到 25 张名片，看来要被淘汰了，就算自己速度再快，但 75 张名片谈何容易，光对别人解释就要花很多的时间，杨大同必须要想出绝招来挑战这 60 分钟的时间了。

时间一分一秒地过去，杨大同独自一人徘徊在异乡的街头，捏着几张刚刚得来的名片深思着。

真是“船到桥头自然直，车到山前必有路”，望着眼前一排排店面，他眼睛一亮，一个快速搜集名片的计划在脑海里划过，没有多想，也来不及多想，没有机会再等待了。他向马路边的店面飞奔而去，从第一家开始，他进店、出店，十几秒或几十秒就完成了搜集 10 张名片的任务。头上的汗不停地流着，可手里的名片不停地增加着，30 张、50 张、70 张……

半个小时后，杨大同回到公司，向主考官交上了 151 张名片，不过有个别几张重复的，可能老板从名片盒里匆匆忙忙拿出，多了几张也没发觉。但是他已超过了 100 张，主考官满意地拍拍杨大同：“明天再来吧。”

这100多张名片是怎么拿到的呢?

杨大同碰了几次壁后，感到如果一味地去求人家，非常不容易，碰到好说话的算运气好，能拿到名片，遇到不好说话的，不但拿不到名片，还耽误时间。这时他干脆使用换位法，他直接去商家的店铺，摇身一变，变成了大公司的采购经理，这样他每到一家，遇到的全是笑脸，商家老板纷纷抢着给他名片，再三请他常来，对他非常友好客气。其中还有人要留他吃饭，有的人要开车带着他跑。杨大同要到的名片很杂，范围从服装鞋帽到糖果烟酒，再到墙砖涂料、老虎钳子，应有尽有，真是一个跨行业的大聚会。

他留给商家的联系方式是薛强走时给他的BB机号码，以至于后来的很长一段时间，杨大同听到传呼机响，心都嘣嘣直跳。因为从第二天开始他那黑盒子就从早到晚叫个不停，后来，杨大同干脆把它设置成震动，但很快一节电池就用完了。

那些联系他的老板，一直想着杨大同的采购大订单呢!

第四节 残酷面试四：忍耐能力

第四天来的人少了一半，只剩下一百多个人了，个个斗志昂扬，情绪比较激动。这几天淘汰了很多人，能留下的都很得意，能留下的个个都是精英。

大家虽然情绪很好，但是还是有一点紧张，因为大家心里都在猜测，那个让人害怕的主考官不知道又要出什么样的招数了。

八点了，主考官没有到，但公司的大门开了，所有的人都聚集在公司的广场，等着主考官出第四关的题目。可是，半小时过去了，主考官还没来，有些人沉不住气了，到公司里面去问个究竟。

先是一个年轻小伙子，杨大同和他攀谈中了解到他是练舞蹈的，好像也编过话剧，在他老家挺有名气的。因为跟领导吵架，小伙子辞职来特区闯荡了。他这两天说得最多的话是艺高人胆大，看起来很厉害的样子。他打头炮："你好，请问主考官什么时候来？今天第四关要不要进行啊？"

公司的前台只有一位值班小姐，她说："第四关今天是要进行的，公司的考试在进行中，不会轻易改变，主考官什么时间来我不清楚，请大家等等吧。"

"可是快一个小时过去了，主考官还不来，这不是拿我们这一百多人开玩笑吗？"这声音很大，一听就是一个急性子的人，顺着声音望去，杨大同有点吃惊，说这话的居然是一个戴着眼镜非常斯文的人，一看就是读了很多年书的书生。像他这样的人，一般是不会这样大声吼的，他们比较有涵养，比较在意自己的形象，他们可不愿让人说成是骂大街的人。

那个值班小姐从说过第一句话以后，不管别人问什么，都不说话，最多微微一笑。

大家都很着急，因为眼看两个小时过去了，仍然不见主考官的踪影，人们骚动起来，有人提出要见经理，有人说公司没有诚意，有人已经在骂公司是骗子公司了……

值班小姐跟没听见一样，站在那里，站得很直，像个雕像。人群的声音也越来越大，因为整整过去了三个小时，看来大家都非常想得到这份工作。

11 点了，大部分人觉得已看不到希望，很多人一边骂着一边离开了，有的人一边往公司的门外走一边回头说："先去吃盒饭，下午再来看看吧。"大家都很扫兴，早上的那种心情已全没了。

杨大同的心也凉了，他怎么也没想到会碰到这样的情况，眼看胜利在望，一下子全泡汤了。下一步怎么办呢？他又该到哪里去呢？杨大同也没了主意，干脆一屁股坐在广场的地上，打起盹来，这两天也被折腾得很疲倦，他什么也不想，闭目养起神来。

下午三点了，杨大同睡了一觉，他站了起来，拍了拍身上的灰尘，非常失望地踱着步子，向公司的大门外走去。

这时，公司里面快步走出一个人，仍然穿着一身黑色衣服，不过比前两天多戴了一副黑色墨镜。广场上几乎同时响起一个声音："啊，主考官！”只见主考官快步走到公司大门，一下子把门关上，回头对大家说：“集合，排好队。”

哗啦一下，人们不约而同地站好一队，可门口还有些人在敲门：“喂，开门啊，我们都等了一上午了啊。”

无论门外的人怎么叫喊，主考官都不理，对着站队的人说：“请报数！”1、2、3、4、5…20…34…54，一共54人。

主考官大声宣布：“第四关考试完毕，一共54人过关。”

这剩下来的54人都没有反应过来，因为大家都在等着主考官出题目，准备迎接新的挑战，怎么一下子就过关了，大家全都懵住了，这到底是怎么一回事呢？

主考官给大家解释道：“各位好，听完我的解释，你们就全都明白了。按照惯例，我们每天早上8点到公司，然后我给大家布置当天的任务，但是你们有没有注意到昨天的通知是这样的：到这里过第四关。按照常人的想象，8点开始布置任务也是顺理成章，但是今天要考你们的就是忍耐力。在今后的工作中，很多事情不是按常规、按常理出牌，这就要看每一个人的忍耐力，忍耐力是成功路上的最大法宝，任何事情都不能急于求成，特别是我们加入的这个特殊的行业和特殊的生意，需要忍耐和克制，而不是冲动！冲动和失败是一对孪生兄弟。你们54个人非常优秀，你们具备了最宝贵的忍耐和克制精神，希望你们在今后的人生中保持，也非常高兴地告诉你们，明天你们将进入最后一关，我代表公司热诚地欢迎你们每一位都能加入我们的公司，我们并肩战斗：为死人服务，赚活人的钱！”

大家拼命地鼓掌，一方面是因为过关而高兴，另一方面大部分人高兴的是今天的过关非常意外，等于是凭运气过关，没费什么力气。

可是，杨大同很理智，他听出这位主考官话外有话，为什么说是为死人服务，赚活人的钱，难道是殡仪馆招人？杨大同不敢往下想，第一天不是说是新型房地产吗？

杨大同觉得这家公司很神秘，但从别的方面看还挺有实力的，公司的车子和办公大楼都很不错，而且公司里面的人整体素质都很好，像大公司。但不管如何，杨大同也只有硬着头皮往前闯，拼到哪一步算哪一步，最后所有的疑惑和猜测都会有一个答案。

四天的传奇经历，的确让杨大同变得理性和成熟许多。人生多一种经历就多一种财富，这样的经历可是拿钱买不到的。杨大同此时此刻，只有做好迎战一切的准备，保持着必胜的信念，因为最后的时刻将要来到，不能输，人在江湖拼得精彩，明天才会有胜利的辉煌！

杨大同大踏步走出了公司，虽然身上的钱不多了，但他看到了希望，看到了明天的曙光！

第五节 残酷面试五：殡仪馆练胆

杨大同早早来到公司，今天是最后一关，就像体育比赛那样，进入了决胜局。

主考官来得也很早，却和前几天的态度不太一样了，原本严厉的脸，今天一直笑着。从千余人中挑选了不到百人，他们都是公司未来宝贵的财富，他对每一个人都很客气。不同前几天，主考官没有急着叫大家做什么，而是让每一个人填写入职登记表。

他数了一下，一共54份，他把这些表整整齐齐地放进袋子，然后开始对大家说："我们公司的考试已到了尾声，今天来的朋友基本上符合了我们公司的要求，我恭喜各位！在宣布第五关也就是最后一关的内容之前，我给大家介绍一下我们的一些情况，让大家对我们公司有所了解。因为通过这几天的过关考试，很多人对公司猜疑纷纷，感觉公司很神秘，现在我就来揭开这神秘的面纱。我们是在国家工商机关注册的正规公司，我们守法经营，既不走私军火，也不是贩毒集团，请大家放心。我们在中国大陆投资新型的房地产生意，因为中国的经济在腾飞，各地房地产在急剧升温，但是各位同仁，我们开发商品房，我们买下了很多地皮，但是我们要做的是墓地，我们是为死人服务，赚活人的钱！"

杨大同恍然大悟，终于明白昨天主考官说的话了。

主考官接着说："我们的墓地，不但风水好，而且我们一起开发了周围的环境。很多人去世了，生前没有享受到的，我们在他们死后，一一满足他们的需求。不过是要那些活着的人用不菲的价格来尽他们的心意，因为，我们的价格是昂贵的，我们的服务是特殊的。因此，我们招收的员工要是一流的，让我们一齐并肩战斗，出色地完成这个伟业，同时积累我们的财富！”

到场的54人这一下全明白公司为何招人这么苛刻了，人群中有些人窃窃私语。

接着，主考官激动地说：“请大家保持安静，我宣布最后一关，不管遇到什么样的事情，你们一定要冷静和理性。我们现在有54个人，刚好是一副扑克牌的数量，你们每一位就是一张牌，我先告诉大家自己是哪一张，然后再告诉你们如何得到。”

杨大同是一张黑桃Q，主考官笑着说：“你将来一定会找到你的贵人皇后！”

杨大同笑了笑：“但愿是这样。”

大家都知道了自己是哪一张牌了，主考官告诉大家怎么样得到这张牌。

“公司已和殡仪馆联系过了，代表各位的扑克牌，都放在骨灰盒下面，请大家自己去找。不过，最多两人一起，单人去更好，公司相信你们一定会出色完成任务。我们对大家考核还是不太严格的，你们知道吗？在国外我们培训时都是深夜让学员一个人去找，而不让结伴的。”

听完这番话，54个英雄中，已经有好几个不干了，特别是两个漂亮的上海女孩，她们摇了摇头，失望地离开了。

杨大同独自一人去了殡仪馆。黑桃Q，黑桃Q，黑桃Q，杨大同只有一个信念，找到黑桃Q。殡仪馆大门是锁着的，今天好像特别安静，没有人出殡。杨大同向门卫说明来意，门卫用手一指，告诉他存放骨灰的大楼。杨大同径直向里走去，这条路很静，四周都是松柏，一切都是低沉和灰暗的。当然，这里不可能有其他色调的建筑。

杨大同一进大楼，心一凉，妈呀，这到哪里去找？一排排架子，一个个整齐摆放的骨灰盒，他细细一数，一排差不多有50到60个，最少也有20到30排。如果要找到自己的那张牌，必须要端起那些盒子。杨大同有点腿软了，心里也微微地有点颤，身上出现了一排排鸡皮疙瘩。他给自己壮了壮胆，拿开一个盒子，下面真的有一张牌，杨大同可高兴了，说不定是自己的那张牌，伸手翻开一看，是一张红心7。杨大同有点灰心，想了半天，走了几步，又退了回来。

真是大海捞针，如果一个一个翻，最少要几个小时，但是杨大同在这多待一分钟都有窒息的可能，不害怕是假的。可都到这份上了，也要拼一拼吧。最后杨大同决定选10个盒子，如果找到就该他进这家公司，找不到也就不干了，看看天助不助他了。

杨大同非常害怕，他自己安慰自己，给自己找了个台阶下。赚一把，赚一把，杨大同心里暗暗地念着，战战兢兢地往前走去。

走了几步，杨大同停了下来，他拿起骨灰盒一看，下面什么都没有。又往前走了几步，下面是一张方块5，他不停地拿着，心里不停地数着，一会10个盒子都拿起来了，也没找到杨大同的那张黑桃Q，杨大同没有信心了，害怕至极，连忙往门口走去。

他不想找了，也不想干了，心里想：这份工作一定不是我的，老天也没眼，算了，算了，再找其他工作吧，好工作多着呢，何必要到这家所谓的新型房地产公司，工作没得到，人却要被折腾死了。眼看到了门口，杨大同转身想离开大楼。

但杨大同还是有点不甘心，又回头往摆骨灰的长廊看了一眼。这时他看到门口最外面一排第一个盒子上有一行简短的介绍，他仔细看了看，这位死者和杨大同同年，才20几岁，是一位漂亮的女孩，在美国读书，死于平安夜，车祸。真可惜，杨大同的手却情不自禁地搬动了那个骨灰盒。杨大同怎么也没想到，下面就是一张黑桃Q，真是“踏破铁鞋无觅处，得来全不费工夫”！“黑桃Q，我找到了，我赢了”，杨大同拿着手上的牌高喊着，一来是高兴，二来也是为自己壮胆，他飞快地向公司跑去。

命运好像一直在捉弄着杨大同，当杨大同兴高采烈地拿着那张黑桃Q的扑克牌回到公司，等待他的不是马上入职上班，而是又一次失去工作。因为这个公司涉及特殊行业，需要更多的审批，还需要办理一些手续，被工商部门通知暂缓开业，命运又一次打击了这个拼命的小伙子杨大同。

第六节 永不放弃，身兼多职

8平方米的出租屋里，杨大同两眼直直地望着昏暗的小灯，三瓦的小灯摇摇晃晃的，杨大同脑海里一片迷惘，原本依仗着有几分运气和小聪明的他满怀着希望，一下又跌入了低谷。

窗外的海风阵阵袭来，带来深深的凉意。南方的夜晚并不寒冷，但这时的他，却感到浑身冰凉冰凉的。他不知道明天会发生什么，也不知道明天的午餐在哪里，就这样，昏昏地睡着了。

这一夜，屋子里的蚊子过了一个大大的狂欢节，它们成群结队，在杨大同的身上饱餐了一顿，虽然它们不知道这个可怜的年轻人明天如何，但蚊子们却过了一个美妙的夜晚。

又一轮日出，杨大同再一次走上了特区的街头，开始了他的营销生涯。

厦门市中心的立交桥上，川流不息的人一刻也没停止过，杨大同望着高耸的大楼，面对这座陌生的城市，咬着牙想：我一定会有工作，我一定会有工作！

没有经验的他，凭着一股韧劲和蛮劲，找到了一份没有门槛的工作——广告页投递，没有底薪，当日结算。杨大同心里明白，任何时候必须面对现实。

虽然没门槛，几乎人人都可以做，但这种工作的流动性极大，很多外地和农村来的青年人都把这份工作作为首选，骑马找马是流传在打工人群中最多的一句话。

没门槛，低工资，但是，至少能通过艰辛的汗水得到低微报酬，购买廉价的食物暂时填一下肚子。改革开放的特区，需要大量的劳务人员，如建筑工地小工，餐馆里的勤杂工，私立医院的护工，车站码头的搬运工等。

俗话说，机会是为成功者铺就的道路，人不同，思想不同，环境不同，信念不同，就会造就出不一样的人生。

一份看似简单的工作，谁也没有想到，它成就了杨大同不平凡的销售人生。

因为是广告页的派送，每天早晨，杨大同和许许多多外来的年轻人一样，在广告公司的门口，领取大叠大叠的广告页，然后背在身上，迅速消失在人群中。

他们必须熟悉周边的环境，了解周边人们的喜好和习惯。不过杨大同和其他的年轻人不一样，他不仅仅是派送广告页，完成一天的工作了事。每天派送的商家广告都是各个公司绞尽脑汁，经过多次研究做出的广告促销方案。杨大同自从做了送单员，每一天都会用小本子，把每一次派送的广告页上的营销方案记录下来，晚上回到出租屋里，整理整齐。每天如此，他渐渐地发现，这些宣传页内容丰富，包含着历史、地理、风俗、异域风情、文化等有趣的知识。有的咬文嚼字，有的寓意深刻，非常有趣。许多年后，他还记得一个美容院推广的经典广告词："朋友，千万别戏弄从此美容院刚出来的姑娘，也许她就是你的亲外婆"，还有"什么惊天大案，寻找一二三，悬赏有巨奖，奖金上百万"，一二三实为一家公司新上市的新产品。

人生是一个学习的过程，从第一天哭着落地开始，就注定了每一个人的人生因为生长的环境不同，因为思考方式不同，因为耐力不同，因为文化不同，因为性格不同，因为追求不同而不同。但是所有不平凡的人生都有一个共性，那就是坚持，永不放弃，人生是不断地总结和发现的过程。

杨大同每天这样工作着，学习着。才仅仅一多月的时间，他就发现不能小看这份工作，同样是把材料送达客户那里，为什么不再多找几家公司呢？就这样，杨大同从第二月开始，一身兼了三职，但是没有冲突，另外两个兼职是一家报纸的投递员，一家牛奶公司的送货员，这样，杨大同在这个异乡的城市里，慢慢地适应下来。

不过这位善于动脑的小伙，一直很努力，他每天从广告页上，摘抄着营销信息，每一天的报纸招聘栏目是他的必看内容。

几乎每个休息日，杨大同都会去人才交流中心逛一逛，碰一碰运气，他心里明白，在南方这块热土，他不会永远是个送单员。

杨大同发现销售人才是稀缺的，虽然很多公司设置的门槛不高，但是，大部分都采取大浪淘沙式，层层过滤。无数次的碰壁，无数次的尝试，已渐渐地锻炼出杨大同非同一般的心态，不断地发掘和思考是杨大同的特性，虽然他没有经过严格系统的学习，但从事最基层的工作获得的对市场的把握是最有说服力的，实践的经历为日后杨大同在销售职场上的奋斗写下了重重的一笔。

时间在杨大同每天穿梭在各个街道巷口中过去，转眼之间，杨大同通过自己的观察、学习，已总结出一套快速投递商业广告的方法来有效地节约时间和增加有限的收入。

每一天，杨大同拿到派发的广告页，他都会仔仔细细地看广告的内容，大致锁定目标群体，不做无用功，不会像其他伙伴那样，到处盲目乱跑。在杨大同的出租屋里，许多份市区地图，标注着人口的分布、生活水平、年龄阶层等信息。如果碰到餐馆开业和快餐外卖的广告，杨大同会选择写字楼、公司密集区、出租房区、学校等进行派发；碰到调味品、食品与生活相关的产品，他会选择女性聚会比较多的地区，如美容院、菜市场，或大妈的跳舞广场等。

半年过去了，杨大同对市场的把握也在不断地进步，但一直困扰他的是，在人才市场投的简历，都是泥牛入海，无声无息。但他还是不断地尝试着，一刻没有停止对梦想的追求。

第三章

销售巅峰，布局全国

第一节 天道酬勤，入职跨国公司

南方的早晨使人格外的好睡，天早已大亮，已是上午九点四十五分了，杨大同还在睡觉。“嘀嘀嘀……”一阵悦耳的BB机声响起，杨大同急急忙忙地抓起寻呼机看，揉了揉还未完全睁开的眼睛，赶紧起来找了一个公用话亭。

电话的那端响起一个陌生的声音：“喂，您好！请问您是杨大同先生吗？我是福斯特食品（中国）集团公司的销售经理，我的名字是SAM，中文就叫山姆，我在人力资源部送来的一大堆简历中看到您的简历，感觉您比较符合我们招聘的条件和要求，想和您见面谈一下，最近有时间吗？什么时候方便呢？”

“哦，哦，我，我，我马上就到，请告诉我你们公司的地址。”这时杨大同突然结巴了。

“我们公司的地址是……”

耶！杨大同一下子跳了起来，飞起一脚，把地上一个易拉罐踢得很远。“哈哈，哈哈，苍天有眼啊，真是天无绝人之路，我有工作了！哈哈！”他大叫一声。

房东吓坏了，“小杨，发生啥事了？”隔壁屋里传来房东的声音。

“老板，你别急啊，天天催，天天催，我告诉你，这个月的房租和下个月的我一起交，多一百，哼哼，算利息吧！”杨大同的声音比前两天大多了。前天晚上房东来催房租，明明看到杨大同回到了屋里，可一直都敲不开门，房里的灯也不亮，黑乎乎的。到现在房东都觉得奇怪。

“小杨啊，找到工作了？”

“当然啦，我早就告诉你，我很快就有正式工作了，房租是不会不给你的，老板，你说对吗？”

“是啊，是啊，我只不过这两天急着要用钱，呵呵，不然我不会催你的。你找的是什么样的工作啊？”

“当然不会差哦，准经理！”说完杨大同暗暗得意。

前几天，杨大同在人才市场看到一家跨国公司在招聘，该公司要开拓全国的市场，正在招销售主任。招聘桌前人山人海，应聘者有的是当过大学老师的，有的是硕士研究生，还有海外留学回国的，也有刚毕业的大学生，而他只是大专毕业。他一直在那家公司周围转悠，手里捏着的个人资料根本不敢往外掏，转了一圈又转了一圈，手心里的汗沾湿了刚刚复印的个人简历，他几次试着走上前，欲开口，又缩了回来。可是房东敲门的声音，对正式职业的渴望，促使他做出最终的决定，豁出去拼了，没啥大不了。

递简历前，他灵机一动，划掉了学历那一栏，又在简历上添上“可口可乐经理”几个字，尽管有点心跳，他还是硬着头皮递上简历。很快后面又是一群人，不停地向前挤，不停地递简历，招聘人员收简历的速度很快，不一会就有一大沓堆起来了。

快到人才市场关门的时候了，杨大同又一次来到招聘人员的面前，他很有礼貌地说：“不好意思，小姐，我的简历上漏了几个字，想把它加上，可以吗？"

"加上没问题，但是现在这么一大堆纸，你从何找起，而我们也要走了啊。"

"没关系，我自己来找，很快，我的简历有记号，四周的角我都涂上了黑色墨水，你看，找到了。"杨大同飞快地在一大堆纸里找出自己的简历，把可口可乐经理后面加上助理二字，又把简历放在那一堆纸的上部。

真没想到，嘿，这一招真的管用呢，真的等来了通知面试的电话。杨大同赶紧洗漱打扮起来，先找了个梳子沾了沾水梳好头发，然后从床板下两个纸盒之间拿出了压得整整齐齐的白色衬衣，打上领带。把原先在公司工作的客户资料一起带上，找不到一双干净的袜子，赤脚穿上了皮鞋，急急忙忙地推出了从老乡那里借的旧自行车，头也不回地消失在路上。

应聘的公司离杨大同住的地方有10公里，一路上杨大同心情格外放松，嘴里哼着那时正流行的刚刚学会的闽南歌曲：人生好比那海上的波浪，有时起，有时落，三分天注定，七分靠打拼，爱拼才会赢……

在离公司大约有100多米的地方，杨大同停住了，把自行车往路旁边一扔，整了整领带，大模大样地向公司走去。

这是一个非常有规模的跨国公司的生产工厂，占地有一百多亩，门前是一个很大很大的广场，绿色的草皮，碧绿碧绿的，边上整齐地停着一排排白色的面包车。其中有两辆车格外引人注目，是一红一白的两辆跑车，杨大同想，一定是老板的车了。

刚到门口，就听到"您好！，请问先生有预约吗？"

“有啊，跟山姆先生约好的。”

“请等一下。”保安拨通了内线电话，“喂，山姆经理，请问你约人了吗？哦，好的，好的。”保安很快放下了电话，拿出了一本写着中英文的来客登记簿，杨大同熟练地填写完毕，在保安面前晃了晃身份证，就独自往里面走去。

公司的前厅很大，差不多有上千平方米，大厅的中间是一块黑色的巨石，上面醒目地刻着中英文的“诚与信”，四周都镶嵌着金边，下面是弯曲细长的小池塘，池塘里有绿草和五光十色的彩灯，水里游来游去的是又大又漂亮的各种各样颜色的金鱼。

杨大同愣愣的还没缓过神，就见一位非常美丽的总台小姐迎了上来：“您好，是杨大同先生吗？请跟我来。”

随着总台小姐，杨大同和她一起穿过一条用彩色的大理石铺着的长廊，刚进入廊口，感应的音乐响了起来，“欢迎光临，welcome”，两边的水池边喷出一串串水珠。

老总山姆看上去特别年轻，最多二十五六岁，高高的个子，整洁的服饰，胸口挂了一个红色胸牌：福斯特食品中国集团销售大区总经理。

杨大同心里暗暗吓了一跳，天啊，会有这么年轻的老总。

山姆正在电脑桌边忙碌着，他站了起来，很有礼貌地对杨大同说道：“杨，请坐请坐，喝茶还是喝咖啡？”

杨大同毫不客气地说：“老板，我还是来杯白开水吧，我很渴。”

山姆笑了笑并点了点头，按下桌边一个按钮，随后说道：“请送杯白开水来，要大一点的杯子。”接着他又做了一个请坐的手势，杨大同就在桌子边坐下了。这位跨国公司的经理非常和气地问了杨大同一些关于市场与销售的知识，然后拿出了很多包装各异的食品，问道："杨先生请你谈谈这些产品在中国市场大概能卖多少钱？"

杨大同心里一沉，还要考啊，好吧，我也好好发挥一下。杨大同认认真真地把产品看了一遍，一个市场计划的大体轮廓就出来了，他对这位经理侃侃而谈："首先我们要针对产品划分目标市场，这些产品属于休闲食品，当然在中国的大中城市，这些产品的价格应当是中高档次，这是一个很有潜力的产品，加上像我这样的人才，它一定会在中国市场操作成功的！"讲着讲着，杨大同底气越来越足，好像他自己已经是这个跨国公司的一员了。

这位经理频频点头，听着听着，突然站起身对杨大同说道："好，你马上入职吧，明天你就出差到江西、湖南、湖北……"

杨大同一下愣住了，这位经理也有点不太自在，顿时俩人有点尴尬，很巧，这时有人来敲门，是送白开水的，一个很大很大的瓶子，上面还印着"B&B"产品的字样。

经理笑了笑说道："杨先生，你的思路很好，加上可行的操作，应该会把产品做好的，你先喝点水，等会我们接着谈。"

整个面试用了差不多一个小时，双方谈得很好，山姆让人事小姐拿来入职合同，杨大同很快地过了一眼，在上面签下了名字。

山姆很高兴，一直留他吃晚饭。这时，杨大同却卖起了关子，他告诉山姆，接下来两天把以前工作交接完毕，就来福斯特。山姆点头同意，示意尽快。其实，杨大同现在就可上班，不过这位北方小伙已不是初生牛犊了，生活教会了人一招又一招，原本朴实的人也被命运洗涤了一番，开始学会运用策略。

这是杨大同踏上异乡的第一份正式工作，他很珍惜，他会全身心投入到这份工作中，在这个跨国公司展开自己的职业生涯。有志者，事竟成，他终于迎来人生第一缕阳光。

两天后，杨大同到福斯特公司报到，公司为他安排了一间两室一厅的住房，里面家电齐全，而且屋子非常干净整洁。

杨大同一人坐在床上，望着天花板，心里久久不能平静。他不用再为交房租而烦恼，也不用整天担心食无定时，福斯特给了他生活的保障，他从心底感谢这位山姆先生。

杨大同躺在床上睡着了，这一觉是他多少天来睡得最踏实的一觉，直到有人敲门，杨大同才急忙起床，去山姆先生那里报到了。

杨大同进了山姆先生的办公室，山姆正在接电话，他示意杨大同先坐下，只听山姆说话很急，本来杨大同英语就不太好，山姆又急又快像放鞭炮一样的英文杨大同根本就听不懂，不过从山姆的表情来看，他很生气。

杨大同用眼睛在山姆的办公桌四周进行了扫描，看见自己的工作牌已做好，职位是销售员，心里一阵激动。这胸牌一挂，可就是跨国公司一员了，不但有着不菲的底薪，每三个月还有美金补助，这些都写在入职合同中。其实签合同时，杨大同看的只是待遇，其他没看，要不哪里会那么快就看完几张中英文的合同。

山姆放下电话对杨大同说道："哎，杨，公司要我明天回欧洲开会，可是中国的销售框架还没架好，我着急啊，你来得正好，我们一起做，很高兴地告诉你，你是我招的第一位销售人员，我们一起努力，做好中国市场，你一定会升任主任、经理、大区经理、总经理！”

“我？”杨大同疑惑着问道，其实心里根本不想听太多的承诺。

山姆一边把胸牌递给杨大同一边说：“是的，未来的中国是你们的，公司的战略是本土化，你是我们跨国公司在中国招聘的第一代销售人，你的机会很好，好好干，我的太太和孩子在欧洲，我们这一批人早晚是要回去的。我们把产品做好，把品牌做强，我们是国际品牌，在100多个国家都有销售，中国我们刚来，机会是很大的。”

杨大同点点头，接过胸牌，对山姆说道：“谢谢您，山姆先生，我一定不让您失望，一定让棒棒品牌唱响中国！”

山姆拉开了抽屉，从里面拿出一个信封递给杨大同，说：“这是你的备用金，10000元，拿好，签字。你现在要赶紧熟悉产品、产品生产过程，加强对公司的了解，希望你尽快分担我的一些工作，杨先生，OK？”

杨大同离开了山姆那里，挂上了胸牌，向工厂车间走去。

福斯特的车间很宽敞，杨大同刚到门口，就被要求换上了无菌的工作鞋帽，保安验过他的工作牌，客气地跟他打了声招呼，就让他进去了。

车间看不到工人忙碌的身影，也听不到机器的轰鸣，车间里播放着流行的英文歌，有几个包装工一边跟着音乐哼，一边在干活，看上去像玩一样。不过他们动作很快，不一会儿一堆成品就像砌墙一样出现在他们身后。

车间主管看到杨大同进来，主动和杨大同聊了起来：“杨先生，刚刚山姆先生来电话，说你要来，我是小马，来公司两年了，主要负责生产，欢迎你啊。”小马上前紧紧握住杨大同的手，像是多年不见的老朋友。

杨大同也非常客气地说：“你好，我是新来的，请多关照。”

两人一见如故，小马向杨大同介绍车间里的一些基本情况，车间条件很好，机器全部是德国进口的，现在产品销售情况不好，车间的机器一天只开 4 个小时，仓库已压了很多货，公司所有的人都很着急，如果长期亏损，外商撤退，很多人都会失业，大家都很担心。

接着杨大同找了山姆的助理，向她要了很多关于公司的资料，回到他的宿舍。此时，杨大同要好好地做个计划，只有这样接下来才能更好地去工作。

杨大同这半年来对市场不断摸索，学习与积累了不少营销知识，通过对福斯特产品的深度了解，准备在这个广阔的平台上施展身手，这对职业人来说是一个绝好的机会。虽然杨大同没有操作过这样的市场，但他的勤奋思考和善于总结为他打下了很好的营销基础，他为福斯特公司奉献着营销智慧的同时，也锻炼了他在中国市场的销售能力，这是一件两全其美的事情，运气到来就是一瞬间。

杨大同根据三角形的原理，设计出一份销售方案，他计划先做大中华圈的样板市场，然后复制到全国。山姆看了很高兴，并当场许诺杨大同，如果他能架设好这个销售网络，市场全部交给他管，也就是说升他做大区经理。

福斯特公司首选了杨大同的三角形原理的销售方案，因为杨大同这个方案思路非常清晰，有重有轻，有柔有刚。他大胆地把福斯特战略中心的指挥部定在了中国武汉，以武汉为中心，根据三角形原理，由内向外，开辟大中小市场，全国开花。杨大同这个三角形区域划分法，若干年以后，被很多企业论证，是中国营销的首创，当然此时他是不会想到的。为什么杨大同要用这种方法呢？

1. 细分市场：任何一个区域市场都可分割成若干个三角形的小市场，这样可以将市场细分，更清楚渠道的层次，一级、二级、三级市场用不同颜色填充。

2. 点面结合：一个三角形区域市场的三个点产品销量上升，这个面的销量一定是上升的。

3. 品牌效应：中心点的品牌传播影响到另外两个点，这个区域品牌优势就形成了。

4. 方便管理：大区域三角形细分市场使各个小三角形市场相互支持的同时相互制约，可帮助对市场价格的监督与管理，使市场可以分割，可以联合，非常灵活机动。

5. 节省物流：三角形市场的物流链是起点出发回起点的循环，节约运输成本。

这一切，都是杨大同通过对每天的广告页上内容的发现和搜集，从不同的公司、不同的产品、不同的销售方法中总结学习来的，虽然还没有经过市场的检验，但是得到福斯特公司山姆老总的认可，并可以执行，是杨大同一生销售生涯的幸运之事。

山姆说："公司和我都支持你做，我们都看着你，等你胜利归来的消息，我会为你开 Party！"

杨大同心里异常激动，可嘴里只吐出几个字：“我会努力!”杨大同要出差了，而且是坐飞机，这可是从没想过的，助理把机票送到他手里时，公司的车子已在楼下等他了。第一站武汉，他要直奔华中市场。

第二节 拼杀市场，签下第一单

福斯特公司是一个在国外享有很高声誉的跨国公司，将研发的农作物提炼的精华和营养元素制造成休闲食品，在国外非常被认可。

随着中国经济改革开放，福斯特公司决定进入中国市场，对中国市场的进入模式，全盘运用了在世界各地的通用模式，占领中心城市，辐射周围，扩大品牌影响，达到销售增长的品牌战略。无论是产品质量、人员素质、运作资金，还是广告创意、产品包装和产品陈列，福斯特公司在市场上都是无可比拟的。

设立了上海、北京中心，产品上市，广告投放过后，产品销售在中国市场毫无起色，福斯特公司一时陷入了僵局，才决定在厦门开工厂，招聘一位中国市场的销售核心人才。正因为如此，杨大同才有了进入福斯特的机会，如果按照前期福斯特进入中国的招聘标准，杨大同应该在第一轮就被淘汰，不可能和山姆见面的，福斯特也不可能让一个专科生操盘中国市场的。

福斯特公司对车间工人要求非常严格，要求工人熟练掌握两门以上外语，本科以上的学历，对产品质量严格把控。因为福斯特公司是高素质、高技术生产公司，全部是大型机器全自动化运作，不需要大量劳动力，就连车间产品的搬运，都不需要人工，全部由大型传输带，自动分类，自动包装，自动进入仓库。

福斯特公司有整齐的厂房，干净的车间，高素质的工人，高昂的运作营销成本，换来的却是中国大陆市场的严重亏损，这是国外企业进入中国市场水土不服的代表之一。

优秀的员工在毫无竞争的市场环境下，显得疲惫不堪。一次次的市场失败对员工的信心产生非常大的打击。

在北京、上海、广州，福斯特公司都能进最大的卖场，用最漂亮的货架陈列，有最具创意的落地堆码。但是，广告的推广和产品销售的覆盖区域严重脱节，造成经销商纷纷转移，代理其他公司产品。而公司的员工，很多身兼数职，甚至开福斯特配备的汽车，为其他公司送货。

此时的杨大同并不知道，他接手的福斯特产品，在大部分中国地区都是货架上快要过期的产品。但自古华山一条路，杨大同只有往前冲、冲、冲。

第一次登上万米高空，杨大同心里久久不能平静。虽然在登机前发生了许多尴尬事情，但他早已忘得一干二净。他的皮带上的金属环，让他不得不来来回回过安全门，每叫一下，他都张开两只手臂，向安检人员证明：我是好人，可别把我当劫机犯啊，我没有刀也没有枪。最后拿下了金属环，才顺利地过了安全门。

飞机在空中飞行了一个多小时就降落到天河机场，随着人流，杨大同来到了“九省通衢”中国经济地理的“心脏”：武汉市。

一出机场，杨大同打了一辆出租车，他无心看车窗外美丽的风光。此时就好像有一块石头压在心头，时间不多，情况不熟，而且要找到合适的客户，唯一的办法就是见机行事了。他告诉司机，想到武汉的各大商场看看。

司机眼都瞪大了："我说兄弟，你来过武汉市吗？你知道这里有多少商场吗？"

杨大同突然把脸一沉："叫你去就去，少废话。"

司机马上启动车辆，一辆崭新的富康车载着杨大同开始逛起武汉市。

可能是时来运转，杨大同在武汉百盛商场碰到一位做洋酒的经销商，小伙子很年轻，和杨大同聊了一会，得知杨大同是代表福斯特棒棒品牌来武汉找客户时，当即邀请杨大同共进晚餐，并为杨大同找好酒店，表示对杨大同他们公司的产品有兴趣。

杨大同也很高兴，他跟山姆通了电话，山姆示意，这趟出差7天，能谈两三位准客户，那就是很好的成绩了，为下一步谈判打基础，希望杨大同能找几个有意向的，千万别像前几个人，出差一圈，两手空空，可是交不了差的。

跨国公司的人出差虽然住的都是星级酒店，但那酒店里的席梦思可是不好睡啊。山姆在电话里的声音相当严肃，本来心情好起来的杨大同又一次像被石头压在心头，进这家跨国公司几天的时间，杨大同一下子像老了很多，这和心情有很大关系。人生就在于拼搏，好胜好强的性格决定了杨大同的命运。

晚餐吃得很愉快，客户居然在餐桌上签了合同，并打电话给他们会计，明天一早，银行一上班，立刻汇20万元到福斯特公司。

杨大同的心脏都快跳出来了，但尽量地克制着自己。当他告诉这位做洋酒的客户建立大中华圈的思路时，小伙也连声称赞，并表示一定会配合杨大同一起把市场做起来。他向杨大同详细地介绍他公司的实力，他们一家兄弟7个全部是光屁股在汉正街长大的，在武汉的商业圈里没有搞不定的事，一定会全力配合，希望杨大同多给支持。

杨大同开心地笑着对这位年轻的小伙子说："支持是相互的嘛!"杨大同的口吻已越来越像个做生意的老江湖了。

杨大同明白，如果客户一打款，他在福斯特可就是让人注目的大功臣了，将对他以后的发展有极大的帮助。他暂时不准备告诉山姆，一是因为款还没打，二是想要给这个跨国公司一个惊喜。人生的波折已把杨大同锻炼得成熟和理智起来。如果让全公司都知道他找到客户，最后没合作成功，搞了个鸡飞蛋打，那可是尴尬死了。

晚餐吃完，喝了一点酒的杨大同告别客户，回到酒店躺在床上，唱起了《爱拼才会赢》，唱着唱着带着微笑睡着了。

第二天一大早，山姆的电话吵醒了杨大同，山姆只说了几句，看起来很激动："杨，全公司的人感谢你！好样的，回来我给你加薪！我们收到了汇票的传真，我们正在组织人员安排发货，祝你越战越强！早日架好大中华圈！选择你，我没有错!"

"耶!"杨大同挂了电话一下子从床上蹦了起来，一下、两下、三下，简直像游乐场里玩蹦床的孩子，足足蹦了几十下，才一下趴在床上，喘着气，满脸的微笑。

第三节 乘胜追击，构建市场

杨大同在武汉出差，一炮打响，浑身的血液都沸腾起来，这20万元的汇款像给他注射了兴奋剂一样。他马不停蹄，买了去长沙的长途汽车票，赶往湖南。

杨大同到了长沙可没有像在武汉那样的运气了，接下来的三天，他跑遍了所有的卖场和食品批发商，整整发完了两盒名片却没有什么结果。有不少做食品的朋友有兴趣，但是一深谈到价格，基本上这些生意人的观点都是一致的：价格太高，不好做。

不过，这中间有一家做方便面的湖南省总代理客户对杨大同公司的产品有兴趣，当他们和杨大同谈时，没有说到价格问题。与这家客户打交道的都是国际公司，和杨大同谈市场操作时，很多东西都能谈到一起。

杨大同很高兴，可当杨大同要他们付预付款时，他们说签了合约先付一半，杨大同一直没同意，虽然公司规定的底线是最少付50%的现款，但杨大同想向山姆证明自己，他全部要拿回现金单，这在公司是没有先例的。

杨大同和长沙的客户周旋了一番，定好了合约，但最后的签字没签。他告诉客户，要和公司联系后再签，他给自己留了个时间，并告诉客户他在长沙的酒店房间。

与这个意向客户告别后，杨大同心里松了口气，不管怎么说，公司的产品可以进湖南了，自己将来管辖的地盘也大了点。他看了看手表，叫了一辆出租车，直奔岳阳去了。

江南的三大名楼这次成了他关注的重点，但是他却无心欣赏这迷人的美景，杨大同坐在出租车上想：要快点拿下市场，以后再好好看看这些名胜古迹。

岳阳比武汉和长沙小很多，整个城市很快就转完了。在一个批发市场，正在搬货的一对孪生兄弟吸引了他。

杨大同走上前和他们聊起天来："哥们好忙啊。"

兄弟俩抬起头并停下手中的活，笑着对杨大同说："呵呵，你一看就是厂家的人，做什么产品？拿来看看可不可以合作。"

杨大同见这对生意人如此爽快，连忙递上产品，拿出报价单和样品。

杨大同刚从皮包里拿出样品，包装上的 LOGO 就让兄弟俩眼睛一亮，两人齐声说道："我们做，我们去东南亚旅游的时候，经常吃的，香港电视剧上也经常看到，哥们有缘，我们做！"兄弟俩一把拉住杨大同，生怕杨大同会飞走一样。

杨大同有点不知所措，对自己公司的产品，他还没有这小地方的孪生兄弟知道得多。杨大同连忙客气地对孪生兄弟说自己在长沙的房间还没退，下一步要去江西，因为长沙的客户很犹疑，他才来岳阳的。万一自己很快从长沙走了，这个品牌代理就会泡汤，所以他马上还要回长沙，再跟长沙的客户谈谈。

这对孪生兄弟到里面房间商量了一下，一会儿，一个拎着箱子出门了，另外一个开了一部货车对杨大同说："我们兄弟俩一定做，现在送你回长沙，我们正好拉货，具体的事情我们车上谈，反正现在通讯方便。”说着拿出一部大哥大给杨大同看了看。

杨大同没有客气，跳上他们的车，一场生意就在岳阳到长沙的路上谈了起来。

湖南兄弟对岳阳到长沙的路况很熟，杨大同感觉转眼之间又回到了长沙，像在演电影一样。在车上，兄弟俩已通了电话，在岳阳的那位不知是哥哥还是弟弟，他已带上了40万元现金，连夜去公司总部签约。

杨大同对电话里的那位说：“哥们儿，你比我先到公司，如果我到江西完事后，来得及赶回总部，我请你吃一顿海鲜大餐！”

“谢谢，杨总，庆功宴还是等我们湖南兄弟把市场做起来再庆贺吧，现在最关键的是你要好好支持我们！”

“没问题，湖南兄弟！”杨大同此时的回答还真有点江湖的味道，他算是入门了。

车子直接把杨大同送到了酒店，杨大同再三邀请这位岳阳的兄弟吃晚餐，准确地说应当是夜宵。

他们把车子停好来到餐厅，只见长沙的客户笑容满面地迎了上来，“嗨！杨经理，我等你很久了，你和公司汇报得怎么样了，我等你签字呢？”

杨大同一愣，立刻说道：“哎呀，不要意思，让你久等了，来来来，我们坐下谈，今晚我请客！”

杨大同、长沙客户、岳阳客户，三个人找了一个较安静的桌子，他们一边等着上菜，一边继续交谈他们的生意。杨大同此时心里很得意，满面春风，他心里有底。岳阳的小伙一言不发，一直静静地听着。这场谈话主要是看杨大同如何应对长沙的客户，岳阳的小伙也有点急，不停地到门外用那个黑色大哥大说着地道的湖南话。

菜上来后，三人点了一瓶白酒，三个杯子，一人一份，喝酒绝对是平均主义。

杨大同喝下第一杯酒后，开始向他们介绍公司将如何在中国市场运作，又向他们说了自己这次出差的任务和目的。

长沙和岳阳的客户也充满信心，他们很清楚，跨国公司要想占领中国市场，都是大手笔的运作，代理好一个知名品牌如同养了一个优秀的儿子。

杨大同最后向他们摊牌："我公司在湖南只打算诚招一个代理商，也就是说在长沙和岳阳只能选一个，我们不选择最大的，而选最合适的，公司会全力扶持他做大做强。"

长沙的客户急了，急忙从皮包里拿出合约，说道："我做，现在签字，明天早上打半款。"

杨大同笑了笑，说道："这次我出差，没有赊销的任务，我的加入，已经改变了原来的很多操作手法了，但还会继续改。"

长沙的客户说："全款就全款，但等我几天，我去筹集一下，最近资金运作频繁，请给个机会。"

杨大同边笑边和他说了一个现代版的乌龟和兔子赛跑的故事，长沙的客户听出来了，杨大同是想让他和岳阳的客户比赛，谁先打款就让谁做。长沙客户心里骂道：这个姓杨的好厉害啊，给我施压。可我是省会，没有天时也有地利啊！长沙的客户软中带硬地说："杨经理，话又说回来，做生意要讲诚意！"

“是的，”杨大同回答，“是应该有先来后到，不过不是先谈先得，而是谁的款先到谁先做。”

“杨经理，长沙是省会，可以辐射周边。”

“没错，长沙是有这个优势，但岳阳做起来后进长沙也非常容易！”

长沙的客户看到杨大同态度非常坚决，放弃了半款的要求，他告诉杨大同，他会尽快准备好全款，希望能和杨大同合作。

杨大同说：“非常感谢，无论怎么样，我们都是朋友，生意不在人情在。”两人握手道别。

岳阳的小伙坚持要送长沙的客户回去，两位竞争对手现在也异常客气起来，不过总让人感觉有点别扭。此时，天已蒙蒙亮了，杨大同告别两位客户，回酒店房间睡觉去了。

按照上面的意思，杨大同必须尽快地开拓全国的市场。虽然长沙是省会城市，可岳阳离长沙并不是很远，所以杨大同决定谁的款先到公司谁就做湖南的代理商。以岳阳为中心来辐射长沙，这看起来是不太现实的，但是杨大同认为用周边包围省会的策略，扶持岳阳经销商做强做大，然后再占领长沙市场也是可行的。

这次谈判的关键取决于岳阳和长沙经销商的心态和做市场的决心，岳阳的经销商是由小想做大，而身在省会城市的长沙经销商则想通过代理覆盖全省。

苍天不负有心人，最后岳阳的一对小伙，拿到了棒棒品牌湖南省的代理权。这对孪生兄弟，采取了岳阳、长沙同时开辟棒棒品牌销售市场的策略。因为岳阳是地级市，他们很快地就占领了各个商场，立刻投入资金在长沙设立了办事处，从超市到批发渠道全面开始启动棒棒品牌的销售，并利用自身的优质客户资源，开展以青少年活动为中心的休闲食品系列推广活动。这一行动得到了福斯特公司的一致好评。

遗憾的是长沙的经销商因犹豫不决而失去了代理权，虽然他事后三番五次打电话给杨大同，想全款做棒棒品牌的代理商，但是杨大同都没有同意。最后，这位长沙经销商申请做起了岳阳这对小伙的长沙分销商，分销棒棒产品。

岳阳小伙不断调整营销策略和区域设计定位把这个新的品牌注入湖南长沙、岳阳等地，没多久，全面铺开的产品为经销商换来了丰厚的利润，市场也给了这对小伙丰厚的回报。

湖南、湖北，节节胜利，杨大同的信心是越干越大。长沙到南昌的路程，杨大同特意给自己选了豪华高速汽车，这是这次出差中最好的享受了，虽然票价要比普通的贵，但是他却第一次享受了绝对的优质服务。车上全部是对号入座，车的座位也非常舒适，这可是原装进口的沃尔沃汽车，不但舒服，而且很安全。

车上的人从穿着打扮到谈吐都要比以前坐的那些车上的人素质高，杨大同心想可能是经济条件好一点，人都会变得仪表堂堂，这次自己也做一回绅士吧。

服务员甜美的声音和免费的饮用水、口香糖、小吃让杨大同感觉很舒服、很高兴。一路上，杨大同半躺在座椅上吃着小点心，看着汽车大屏幕的电视，放的是香港爱情故事，片中的故事感人缠绵，小伙子也春心暗动。算一算杨大同的年纪也不小了，可是这异乡情缘一直没出现。杨大同闭起了双眼，想象着白雪公主的出现，想象着和一位美丽的女孩手牵手，漫步在异乡的大海边，身后留下两人一串串的脚印，一阵阵海风吹来，女孩好像有点冷，倚靠着自己的肩膀，杨大同轻轻地拥着女孩，两人微闭着双眼，女孩踮起脚，杨大同慢慢地向她的脸靠近……

“嗨！南昌站到了”，坐在杨大同里面座位的小伙子急了，拍了一下杨大同。杨大同两眼一睁，看到车里的人差不多都走光了，立刻起身，提包下了车，可刚刚的梦境却在他脑海中久久不散。从车里出来，明媚的阳光很刺眼，杨大同已把好梦暂时封存。

踏上了江西的土地，杨大同又像一个销售斗士，开始拼命地工作了。杨大同用步伐丈量着南昌的大街小巷，慢慢地，他梳理出几个竞品的操作渠道，从产品的终端开始跟踪，用笔记本不停地圈着画着。最后，经多方比较，仔细考虑，他选择了一家经销商，虽然这只是杨大同的一厢情愿，但是他非常自信。他打听好经销商的地址，打了一辆出租车直奔了过去。

南昌的洪城批发城在江西是很有名气的，整个批发城车水马龙，杨大同找的也是市场里做得最大的休闲食品客户。江西是个空白市场，必须要借助大客户的实力，进行全方位的覆盖，产品才能从洪城流入多个地方。

客户的地方很容易找，市场上巨大的产品代理广告牌就是指路标，杨大同一人径直闯了进去。

老板是一位三十多岁的女人，一身珠光宝气，说话盛气凌人，在这里非常出名，听说她的身价早已过亿了，在新加坡还投资了银行，全家人都拿到了国外的护照。她做事非常干脆，虽然是女人但从不婆婆妈妈，说干就干，一般她接的产品都能盘活，黑白通吃。她是本地人，家里有九个兄弟，她是老十，但没有人敢叫她十妹，就是上了年纪的人看到她也是喊“十姐”。

十姐的店面很大，全是货，旁边停了8辆面包送货车，中间是一辆红色跑车，杨大同想这肯定是十姐的车了，车在证明她人也在。考虑了片刻，他直接推开十姐办公室的门。

杨大同刚一推开门，一只大手毫不客气地卡着他的脖子，一把将他推出门外，只听一声怒斥：“谁这么大胆，进十姐的屋敢不敲门就往里闯！”一个身高一米八五以上、身材魁梧的男子强行堵在了门口，那男子还拿着一台对讲机，对讲里不时发出一些嘈杂声，看来十姐真的有不少保镖。

杨大同一见这阵势，连忙道歉，一个劲地赔不是。

过了一会，里面传来一个非常柔和的女人声音：“谁呀？怎么这么没礼貌，不要说约了，进别人的地方要敲门这起码的规矩都不懂啊。不要见了，耽误我的时间，直接弄出去！”最后一句绝对是柔中带刚，而且还带着恶气。

那个保镖一听这话，来劲了，连拉带推就把杨大同给赶了出去。

杨大同这下急了，大叫起来：“十姐，久仰大名，刚刚真对不起，我千里赶来想见你一面，刚好看到你的车在，就急着想见到你，一时忘了敲门，您千万别在意啊，我是厦门一家跨国公司来和你谈生意的销售人员，我们合作一定能让您赚到钱，还能上台阶！”

只听里面叫了一声：“慢点，来了财神啊，那让他进来吧。”

保镖立刻松了手，杨大同推开了十姐的房门，走了进去。十姐的办公室十分宽敞，周围的墙壁铺的全部是金色的凤凰图案，一圈全红色的真皮沙发，中间是一个巨大养鱼池，用玻璃钢罩在上面，四周不停地有几只管子往里灌氧气，杨大同往里看了半天，也没见到一条鱼。

这时，十姐从大班桌后面站了起来，面带微笑地对杨大同说道："小伙子，奇怪吧，你是不是在想：怎么没有鱼啊？"

杨大同点了点头，十姐手里的遥控器一按，四周环绕的立体声响起了音乐，只听十姐一声口哨，从鱼池的假山后面，缓缓地爬出一条蛇，杨大同惊讶地脱口而出："啊！眼镜蛇！"杨大同此时站也不是，走也不是。

十姐看出了这毛头小伙心里害怕，咯咯地直笑："走南闯北的小伙子就这么大出息呀，看把你吓得。"

杨大同红着脸小心翼翼地对十姐说道："您好！十姐，我是做业务的，不是闯江湖，到您这里，像在电影里看的一样，您的办公室真的很气派，我去过很多公司的老总办公室，像您这样的我还是第一次见到。我想我一辈子都不会忘记，您这里不但豪华、富贵，而且非常有艺术情调，您看您这金百凤腾越，事业蒸蒸日上。"

"真会说话！"十姐又发出一声哨声，那条眼镜蛇又敏捷地爬了回去。十姐对杨大同说"请坐"，杨大同一面往沙发上坐，一边从业务包里拿出资料递给十姐。

十姐只看到公司的商标就说："我做，我在泰国玩的时候，吃过这个产品，不错的，我的蛇也是在泰国买的，一万多美金，小伙子，说怎么做吧。"

杨大同顿时感觉精神焕发："首次打款20万元，公司也将会全力支持这个市场，您为总经销，我们公司全力支持您现有的销售网，并帮您开发更多的客户，全方位广告轰炸！"

“签约！”十姐十分干脆，同时支票也都开好了。十姐要留杨大同吃晚饭，可是杨大同归心似箭，连声道谢，离开了十姐的办公室。

杨大同做梦都没想到，十姐的20万元如此容易地汇入了公司的账户，基本上没费什么口舌。杨大同按捺不住内心的喜悦，这一行收获甚多，他的任务已出色完成，就急忙赶往南昌火车站，但当天去厦门的车票已售完，最早也是第二天午后。

杨大同找到一个电话亭，拨通了山姆的电话。听完杨大同的汇报，山姆很高兴，一直在向杨大同道谢，先代表公司，又代表个人，搞得杨大同都不好意思了。作为一个公司的销售，为公司创造业绩是理所当然的事情，此时杨大同倍感公司文化的魅力，已完全融入公司，为公司的销售尽力是杨大同不变的选择。当杨大同告知返程车票已没有了时，听到电话的那端山姆客气的声音，让他直接去机场，公司特批乘飞机！

杨大同以为自己听错了，以为老总要乘飞机来考察，于是连忙问道：“飞机？谁要坐飞机？”

“是你，杨先生，你已经晋升为经理了，你的业绩让你坐飞机，我们会到机场接你，并会给你一个意想不到的惊喜！”

杨大同高兴地赶往机场，从南昌飞往了厦门。

第四节 业绩显著，荣升大区经理

飞机很快降落到厦门高崎国际机场，当杨大同走出机场，山姆、LaLa（助理）正在对他微笑。

杨大同很得意，连蹦带跳地跑到山姆身边，刚准备和山姆握手道谢，山姆已激动得热泪盈眶，连声说："好样的杨，你是公司的骄傲！"一把拥抱住杨大同，杨大同被这老外的热情弄得反而有点不自在了。

片刻，山姆好像想起了什么，急忙松开杨大同，转身向后退了一步说："杨，我来给你介绍一下，这位是刚从总部来公司的总裁女儿，她比你的航班早到20分钟，所以我一下接了俩人。"

那是一个打扮十分不显眼、戴着墨镜的女孩，杨大同很有礼貌地对她说："你好，幸会！"

"你好，杨先生，从你到公司的第一天起，我就知道你了，祝贺你为公司创造了如此业绩！"说着，那女孩摘下了太阳眼镜。

杨大同心里微微一震，觉得有点眼熟，不过这感觉很快就消失了，总裁的女儿刚从国外总部来，一定是自己花了眼。

那女孩对杨大同微微一笑，接着对山姆说："我们上车吧，还有重要的事情。"

听她这样说，大伙立刻都上了公司的汽车。

包括司机，车里只有5个人，山姆精神很好，一路上用中英文说着笑话。山姆说他刚来中国，进餐馆不会中文，想吃烤鹅，没办法，只好画了一只鹅，还怕别人给他生的鹅，又画了很多火。可是服务员给他上的是一只烤鸭。最后，山姆把鹅头上的大包画得大大的，并在餐厅里学鹅叫。想吃洋葱，没想到服务员拿来的是没剥皮的生洋葱，山姆急得团团转，后来，想到一个好办法，看到别人要什么，他就和别人吃一样的。大家被山姆的幽默逗得笑个不停，一路上车里笑声不断。

车子很快来到了一个酒店的门口，司机停好了车，大家一齐走进了酒店。迎宾小姐一眼就认出山姆："尊敬的先生，一切都按照您的要求准备好了，请吧。"

"OK，thank you！"山姆领头，杨大同他们一行走进了酒店里的包厢。

酒店的包厢里一片漆黑，什么也看不见。杨大同连忙说："服务员，怎么停电了啊！"

话音未落，只听山姆一声大叫："oh，yeah！"

包厢里顿时灯火通明，一曲生日快乐歌响起，桌上摆着一个生日蛋糕，上面写着"杨大同29岁生日快乐！"蛋糕上还插着一封电报。杨大同这时才想起，今天是9月29日，自己的生日。电报是爸爸发来的，上面清晰地写着：亲爱的孩子，这是你第一次在家以外的地方过生日，我和妈妈祝你生日快乐，工作进步！

接着山姆又把一份公司任命杨大同为大区经理的任命书递给杨大同，这时杨大同眼睛已闪满了泪花，激动地说："谢谢福斯特公司，谢谢山姆、各位先生、小姐！"

餐厅经理来到了包厢，她十分干练，又十分有礼貌地把大家各自安排好，宣布了生日晚宴开席，并代表酒店赠送了一大瓶香槟。一场生日晚宴和销售庆功会开始了。店里的音响很好，可不知道是偶然还是巧合，曲子不停地播放的英文歌全是情歌。

一边听音乐一边吃饭，山姆说："我想买机票回家了，不想在中国了，想老婆和孩子了。"大家一起起哄说老板没出息，中国的大战役还没打响，就想当逃兵。说得山姆赶紧岔了话题，让杨大同说一说此次开辟市场之行。

杨大同说自己刚加入公司，一切都是靠大家的支持，决心奋力拼搏，与公司共同奏响棒棒品牌在中国市场的乐章，并当场表示，他对此充满信心。

突然，总裁的女儿说话了："杨先生，你好，我们以前认识的，你还记得吗？"

杨大同的脑袋轰的一声，仔仔细细地看着那女孩："你是，你是……"

山姆从椅子上站了起来："小姐，你认错人了吧，杨先生才刚刚加入我们公司。"

总裁的女儿递了一张名片给杨大同，这是一张中英文的名片，杨大同根本没来得及仔细看，他只看到几个字：中国区副总裁林华，就惊讶地叫出来："啊，林华，真的是你！"

全场的人都愣住了，因为在公司没几个人知道林华的中文名，林华平静地对大家说："我和杨大同先生曾经共过事，在一家公司做过。"

大家"哦"了一声，又继续开始享受丰盛的晚宴，并不时地向杨大同敬酒，一是祝贺他生日快乐，二是恭贺他升为经理。

杨大同心里像汹涌的海浪，一波一波翻滚着，跟做梦一样。

时间不知不觉过去了，晚宴要结束了，大家都起身告辞，因为明天还有工作。餐桌旁只剩下了林华和杨大同两人，林华说：“杨经理，不早了，一路辛苦，我叫司机先送你吧！”

“不，林小姐，还是先送您吧，女士优先。但如果您不介意的话，我今晚借生日之时，请您喝杯咖啡，可以吗？”

林华看了一下手表，说：“OK，不过我先有点事，我们去假日酒店喝咖啡吧，那里可以看到海，回头见。”起身就走了。

杨大同先到了假日酒店的咖啡厅，一路上对林华的事，做出了种种猜测。他从没见过一个20多岁的女孩会在跨国公司里做副总裁，他一定要听一听林华的故事。杨大同选了一个角落，是个隔窗望海的位置。他先要了一杯咖啡，静静地等着林华的到来。此时，时钟已快到零点，杨大同精神很好，甚至有点亢奋，加入福斯特对他的人生有着非常重要的意义。

杨大同等了一个小时左右，有点疲倦和急躁起来，他不时地告诉服务员：“如果有一位个子不是很高、短发的女孩，请告诉她，杨先生在这里等她。”

又过了一会，“杨大经理，真不好意思，让你久等了。”林华边说边咯咯地大笑起来。

杨大同定神一看，发现林华打扮了一番，一身名贵得体的白色套装，脸上也很刻意化了妆，最显眼地是脖子上那串闪闪夺目的钻石项链，非常高贵。杨大同心想，这应当是富贵的中年女性的打扮，年轻的女孩，青春和自然才是最美的。但是杨大同只是想想并没说什么，虽然林华长得一般，但是一眼就能看出是富家小姐。杨大同还没意识到林华是自己的上司的上司的上司。

“林总裁，您这身打扮真好看!”杨大同不愿伤了林华，讨好地说道。

“是吗?”林华笑了，仍然咯咯笑得很大声，也很随意。“我刚才为了喝咖啡，回去换了衣服，才发现我的手饰箱留在吉隆坡，一急去买了这条项链，所以耽误了时间，真不好意思，让你等了很长时间，这条钻石项链好看吗?”林华此时的说话声音拖得越来越长，越来越温柔。

林华和杨大同意外相逢，谁都没想到会在同一家公司里相遇。此时此刻，他们两人深深地知道缘分的意义。

林华坐在杨大同对面的位置，咖啡厅里的灯不是太亮，林华那不是很大却很明亮的会说话的眼睛一眨一眨的，在这静静的夜晚，她对杨大同说起了自己和福斯特的故事。

林华是正宗的中国血统，父母亲祖籍都是福建，一个闽南，一个闽西。在林华 10 岁时，家里人就把她送到了国内读书，因此，林华的汉语比起那些在国外的华裔要好得多。不看证件，谁都不知道她是外国人。

林华的祖辈很早在东南亚一带就发迹了，父母亲继承的产业也早已布满了全球。林华家的集团公司涉及食品、地产、海运、金融和全世界庞大的教育连锁机构。作为第三代的新贵，林华出来掌门，虽然年龄不大，但她在中国市场实践的磨炼早就开始了。林华去了好几家大型公司工作，一个偶然的机会和杨大同就职在洋酒公司。

林华滔滔不绝地讲着她在国外和国内两种相差很远的生活，不过，她说虽然国内很多设施没法和国外比，但更喜爱在国内。在国内可以到处跑，没人管，而在国外，她厌倦了那种整天出门就坐防弹车跟保镖的提心吊胆的生活……

杨大同默默地听着，虽然杨大同很喜欢这个聪明能干的女孩，可此时他早已不敢去想了，他把这份暗恋悄悄地锁到内心深处。

东方已不知不觉地放出亮光，新的一天的太阳将要冉冉升起，这时，林华对杨大同说："今天上午10点，公司有会，先各自休息一下吧。"

杨大同点了点头，这时杨大同从口袋里拿出了1000元钱递给了林华，并迅速地买了单。杨大同对林华说："今天是我付你的利息，我永远感谢你的1000元钱对我的帮助，它改变了我的一生。"说完他和林华分别叫了一辆车，两人没有更多的寒暄，就各自走了，的确是太累了。

福斯特公司的会议室里格外的安静，时针指向上午10点，中间的位置是山姆，他主持整个会议，林华、财务总监COCO、助理和杨大同等分两边坐。墙壁上的装饰画发出阵阵淡雅的香味，空调的温度设置得很低，使人感到清凉舒畅。会议桌面上包裹的全部是牛皮，椅子也全是进口牛皮的，这是一间极为高档的会议室。

山姆首先宣读了总部特派林华小姐来中国区任副总裁的任命书，接着林华向大家讲解集团在中国投资的战略和未来20年中国市场竞争策略。扎根中国，做强做大是总部的最高指示，希望大家团结一心，吹响福斯特进军中国的号角。

紧接着山姆格外开心地向大家宣布了任命杨大同为福斯特中国区的大区域经理，分管各大区域，并将中国区中心设在中国的首都北京。

跨国公司在中国开拓销售市场，一般都会把上海、北京设为指挥中心，而决战的主战场首选中国版图的中心武汉。因为这里九省通衢，家乐福、沃尔玛、麦德龙、鄂武商旗下的武商量贩、中百仓储、中商平价等，已让这里的商业大战越演越烈。如果把中国的版块画做公鸡，那么武汉则是公鸡的心脏，得武汉者得天下。所以，福斯特中国派出了最优秀的总监，在武汉安营扎寨，将打造中国的休闲食品第一家，并进行全方位的媒体品牌的推广运作。

因为杨大同业绩卓越，得到总公司的特批，薪水直接提升为年薪30万元，销售提成按全球公司的统一标准执行。在场的人全都为杨大同鼓掌庆贺。

突来的这一切，让杨大同有些手足无措，对于提升杨大同已有心理准备，但是年薪30万元，他从来没想过，也从不敢想。

山姆拿出了合约，上面有福斯特公司鲜红的大印，杨大同激动地签下了这人生中最珍贵的契约。手在抖心在跳，当杨大同把自己的名字写在合同上时，他知道，人生的机会是自己创造的，而自己的人生又有了新的挑战，他将全力以赴，去完成这个大区域经理的担子。

福斯特虽然在海外做得很成功，但是在中国它就像个新生儿，一切要从头开始，而且中国的市场和国外的市场是完全不同的，做好市场，做好产品，是要付出很多的努力的，自己一定要好好拼搏，要创造出好的业绩来报答公司。杨大同脑子里只有一个词在不停地盘旋：销量，销量，销量……

杨大同签完合同，一抬头，刚好对上了林华的目光，林华祝贺的目光里好像还有着另外一种含义。杨大同拧了一下自己，心里骂自己，白日梦，胡乱想。杨大同知道升职是山姆推举的，但最后审批的是刚刚就职的林副总裁。

会议室里的会议还在进行着，整个公司把武汉作为第一个销售中心，杨大同将按照公司的指示，设立销售分公司，从华中开始，向周围的区域扩大影响。同时将设立南昌、长沙、合肥的办事处，杨大同匆匆忙忙地用笔在本子上记录着，一场人生博弈既将拉开序幕，而且时间是非常有限的。

因为总部签署的中国的广告投放将在一个月后播出，大陆的生产基地也在日夜不停地赶着出货，杨大同深知再一次北上将会有更大的考验等着他。

林华最后做总结发言，她告诉在场的每一个人，这场中国市场的战斗关系到每一位的职场发展，希望公司各高层能顾全大局，相互支持。同时，这位年轻的总裁说也不排除频繁更换高层的可能。她说到这里下意识地看了看在场的几位，可大家非常镇定，并满怀信心。林华面带微笑地说了声散会，每个人都分头去安排自己的工作了。

几个小时以后，杨大同便登上了去武汉的飞机。

第五节 排兵布阵，组建销售团队

武汉，在靠近长江二桥的一幢 18 层写字楼里，应聘的人络绎不绝，门口挤满了人。杨大同在武汉的晚报上只登了一个很小的招聘信息，没想到从此公司的咨询电话不断。其实，杨大同只需要 3 个人，竟然有不少于 3000 人来应聘，大班桌上的简历堆积如山，他根本没有时间一份一份地去翻阅。不停地有人进来，有人出去，大部分和杨大同的交谈也只有一分多钟。

一整天过去了，杨大同确定了一位销售助理，这是一位刚从大学中文系毕业的女孩，她还没有来得及向杨大同递上自己的简历，杨大同就主动和她签约了。这位女孩很惊诧，杨大同笑着说："你的行动已通过了我的面试。"

原来，这位女孩来应聘时，看见人很多，就主动让人们按先后顺序编了号码，有序地进入公司。

杨大同眼睛一亮，真是"踏破铁鞋无觅处，得来全不费功夫"，要说竞争残酷激烈，那么，机会永远是给那些有准备和有头脑的人的。

女孩很高兴，合同中待遇一栏写下了按公司标准，杨大同笑着对她说："放心，这是一家知名的跨国公司，有能力与付出就会有回报，恭喜你，我的新同事。"

女孩也很高兴，甜甜地回应了杨大同："谢谢杨经理，请以后多关照啊！”

门口的人有些激动了：“喂，还招不招啊，我们都等很久了。”

杨大同对这位新来的女孩说：“今天就算你上班了，你去安排吧！”

女孩转身对着人群说：“大家不要太急，我们公司在发展，会在武汉招很多人，请你们留下简历，回去等通知吧，如果一星期没收到通知，可能这次就不行了，不过，以后我们还会从里面筛选，希望我们有机会成为同事。”拥挤的人们留下材料，都走开了。公司一下子又恢复了安静，杨大同一见人都走了，又着急起来，因为销售主管还没招到，这是个很关键的职位。这个人不但要熟悉武汉，而且还要尽可能熟悉整个湖北省，最好是个熟手，这样工作起来才能得心应手。

杨大同拿着一叠简历，在办公室里来回踱步，心里不时地发出：“人才啊人才，出来吧，出来。”想着想着，只见手中的简历哗啦啦地散落了一地，杨大同连忙弯下腰去捡。突然，一份与众不同的简历吸引了他，简历上只有短短的几行字：尊敬的公司，如果要人才我是，如果是过场作秀，那就算了。落款是一个可口可乐人。

杨大同拨通了简历上的电话，跟对方约定了面谈的时间。这时，杨大同松了口气，他知道这位可口可乐人很可能会成为他在湖北的助手，这样的话，其他几个省就会按步骤正常地进行了。

武汉这样的大都市，有很多咖啡厅。杨大同与这位武汉可口可乐人选择了离公司不远的一家。小伙子不到30岁，非常精神，个子很高也很魁梧，一身休闲打扮，说话简单扼要，条理分明。几句话，杨大同就被他在跨国公司所受到的培训而折服。

小伙子自我介绍，在可口可乐公司做了两年，为了更好地发展，一直想换工作，但是比较来比较去，一直没有碰到合适的。

杨大同笑了笑："我们的相识也许是一种缘分，你目前是做武汉市场吗?"

小伙子点了点头。

"那么，我告诉你，如果你加入我们公司，不只是做武汉市场，做得好，会让你做湖北省。我们福斯特也是国际知名公司，待遇与发展绝不会低于你现在的公司，根据能力，收入可能会更高!"

小伙子听杨大同这么一说，频频点头，刚才的锐气也消减了很多。

"不过我很想听你说说，你将如何让福斯特产品进入武汉乃至整个湖北省?"杨大同话锋一转，来了个单刀反问。

不愧为大公司出身，小伙子胸有成竹，从产品的终端直销到分销渠道的开发，再到在武汉正兴起的大卖场上市促销，小伙子说得是一环紧扣一环。

杨大同见天色已晚，对他说："很好，我希望三天后你带着如何启动武汉市场的报告来见我，我想我们会签署劳动合同的，祝贺你，希望我们能成为同事，并肩战斗!"

"哦，对了，到现在我还不知道你的姓名，杨总，我叫刘强，文刀刘，做大做强的强，英文名字是 Jackliu，可口可乐的城市主管。"

"刘强先生，拿好我的名片，三天后来找我，我要赶去南昌。"

"再见，杨总，祝你一切顺利!"

一场面试就这样结束了。

下一站是革命老城江西南昌。杨大同一直想去八一广场，因为从小课本上就有南昌起义，打响中国革命第一枪的地方，一定是非常壮丽和雄伟的。可是他还是急急忙忙地直奔南昌洪城批发大市场。

批发市场里车水马龙，非常热闹。一排排整齐的摊位，到处都是来来往往的车辆。

杨大同顺着店铺，一家一家地看着，这里的市场虽然很热闹，但是知名的品牌不是很多，大部分都是杂牌，主要是走流通渠道，基本上是南昌市周围的城市和县的商户来这里批发产品。

看到这种情况，杨大同知道自己来错了地方，在这里是寻找不到人才的，虽然他们在食品行业摸爬滚打很多年，但是他们和福斯特食品运作的思路不一样。

杨大同顺手拦了一辆出租车，上车后，他告诉司机，要到南昌市最大的大卖场。

出租车司机二话没说，开到了南昌市最大的购物广场。

一踏进广场，杨大同就眼睛一亮，这里产品丰富，可口可乐、百事可乐、雀巢、纳贝斯克、箭牌、上好佳、康师傅、统一等知名品牌都在这里做促销。杨大同暗暗叫好：我得从他们当中找个出色的人，这样，我就如虎添翼了。

杨大同从头逛到尾，听着促销员使劲的吆喝，杨大同看看这个，摸摸那个，一点没有购买的意思。

促销员都对杨大同说："先生，你不是来这里购物的，你一定是哪个食品公司的!"

杨大同一愣，心想这里的促销员如此厉害。他反问一句："何以见得?"

这时，一位齐耳短发的促销员告诉他："我不但知道你是做食品的，而且我还知道你是哪家食品公司的，我还能说出你们公司的产品系列，你信不信？”

杨大同彻底糊涂了，无论如何，他也不会相信。杨大同笑着说：“绝不可能，我敢跟你打赌，你能说出来，我请你吃饭！”

“吃饭不必，但你要买我们一箱产品，不到100元，如果你愿赌服输的话。”小姐反过来将了杨大同一军。

“男子汉大丈夫，说话算话，我赌！”杨大同心想，有这么神，南昌的促销小姐会算命看相啊？一言为定，不后悔。

这时，刚才那位齐耳短发的促销小姐说：“先生，您来自福斯特食品公司，你们公司的产品是……”

“不要说了，我服输！”杨大同惊愕地说不出话来了，赶紧掏出100元钱买下了一箱货。

这时，一大堆促销小姐围了上来，七嘴八舌地说着，杨大同开箱把这箱产品全送了出去，大家一哄而散。

杨大同赶紧跑到刚才打赌的那位小姐的促销台，定了定神问道：“小姐，我输了，赌约也兑现了，但是我想问个问题可以吗？”

短发小姐得意地说：“不服，接着再赌？”

杨大同赶紧笑着说：“服，我服输，这不，一箱都买下了，不赌了。”

小姐也笑了：“看来你还是挺讲信用的啊，有问题就问吧，服输就好。”说完小姐笑得更开心了。

“你是如何知道我是什么公司的，而且怎么对我们公司的产品了如指掌，我非常想知道。”

“尊敬的先生，你的领带下面的标识告诉了我。”

杨大同低头一看，恍然大悟。原来系的领带上有福斯特品牌的LOGO，这是公司刚发的领带。杨大同紧跟一句："那么你为何对我们公司的产品如此熟悉?"

"岂止熟悉，我还可以告诉你，你们福斯特的产品包装不错，口味也很好，但是销售一般，没有很多人知道，而且价格也比较高，所以销售不怎么样。不要你问，我再告诉你，在这里销售的食用产品我都熟悉，并有专门的工作笔记。如果你需要可以问我，不过要看本小姐心情如何，愿不愿意跟你说。"

杨大同此时全明白了，又遇到一位行业高手，心里按捺不住地激动。杨大同立刻拿出自己的名片。拿名片已经变成了杨大同的看家本事，因为名片的头衔是刚印的：福斯特中国经理，这在行业和跨国公司里绝对是高层，是决策者，所以每到关键时刻，杨大同就掏名片，然后一切水到渠成。

齐发的小姐接过名片一看，感到不好意思，这样高层的销售经理还是第一次碰到。"您好！尊敬的杨先生，刚才多有冒犯，请您多包涵！"齐发小姐不好意思地低下了头。

"呵呵，没关系，你一定是一名出色的销售人才，我的直觉告诉了我，你的工作笔记和你的观察力也告诉了我，我很郑重地向你发出邀请，福斯特公司欢迎你，我们保证所有的薪金绝不低于同行的任何一家，而且有无数的机会等着你。如果你愿意，我们可以当场签约，这是福斯特即将决战中国的决心，我们将在中国市场创造神奇。小姐，合同在我的公文包里。"杨大同很认真地说道。

在行业中做了很长时间的这位齐耳短发的小姐，在看完杨大同拿出的盖有福斯特公章的合同后，签上了马萍两个字。

杨大同会心地笑着和这位小姐握手，并幽默地说："我在武汉刚找到一头非常优秀的'牛（刘）'，今天在南昌我又遇到了一匹好马，我还要去找猴、猪、熊，我本身是'羊'，福斯特在中国要变成动物乐园了。"

马萍小姐也笑着说道："感谢'羊'！"

南昌需要的人才确定了，当天租办公室、安装电话、买办公用品等，安顿妥当后，杨大同离开南昌，走时交代马萍做好南昌和江西省的产品起动计划，随时等候电话的指令。

事情如此巧合，杨大同在长沙找到了来自宝洁公司的朱成，在合肥找到了熊文军。熊文军最早就职于宝龙洋行，是合肥的猎头通过上海的猎头又转到北京的猎头找到的，总之转来转去，最后被杨大同相中并确定下来。

短短的十四天，武汉、南昌、福州、合肥四位干将全部到位，办事处也基本设立完毕。杨大同又回到了总部，进行了全面汇报。一场杨大同率领的销售动物团队，在中国市场进行战斗的序幕即将拉开了。

风景秀丽的海滨城市厦门迎来了杨大同招聘的四位销售精英，他们虽然来自不同的公司，可是个个是名门出身，不但思路敏捷，而且都具有很强的执行力和管理才能，加上他们在原来的公司接受的严格培训，可以这么说，这是一只有着极强的战斗力的销售团队。

第六节 初见成效，市场全线飘红

福斯特的会议室里，杨大同全程主持会议。他向大家说明了公司在中国市场的战略规划，并让大家把自己所写的区域报告在会上陈述，一起研究讨论，报批后立即执行。杨大同脸上没有往日的笑容，而是很严肃。

武汉的“牛”刘强第一个介绍：“谢谢福斯特公司，也谢谢杨先生给我这次机会，现在我来向大家介绍武汉和湖北省市场将如何操作，如有不完备的地方，欢迎批评指正。

“我分以下几点来开辟武汉市场。

“第一，根据公司产品的特点，我在武汉已做了市场调研，虽然市场竞争激烈，但是知名的大品牌不是很多，公司此时上市无疑是个绝好的机会。我个人认为产品要突破市场并给对手较大打击，建议进行深度分销，在最短的时间里全面覆盖武汉的终端小店。据不完全统计加上我原有的客户，大约有 5 万家终端小店，按每家一箱产品计算，可销售 5 万箱，这不包括大流通和渠道里的货，初步估计，在我管理的市场，需要 7 ~ 10 万箱产品。

“第二，从人员分配上来说，咱们公司产品要快速上市，按照快速拜访频率，每人一天 50 家小店来说，虽然工作量是巨大的，是一般公司不可想象的，但是 100 个人 10 天拜访 5 万家终端小店的开发速度我有信心，并且成功率一定能达到80%。我和武汉的销售人员接受这次快速占领市场的光荣任务，有100%的信心、勇气，当然还有能力。

“第三，抢占武汉市场的同时，我们同时辐射周边市场。我建议尽量向经销我们公司产品的经销商少压货，形成良性循环，再组织人员抢占市场，打通产品的各种渠道，形成自然销售。

“具体运作我做了个详细的表格，各点分布图和运作流程在这里，请杨总过目和批准，谢谢！”

紧接着江西的“马”、福州的“侯”、合肥的“熊”都一一介绍了如何快速占领市场。然后，杨大同让大家先休息一下，会议将在半小时后继续召开，这几位干将都等着杨大同决定、签字，就开赴战场。他们接到杨大同的电话，通知到厦门开会，就已经知道自己进入的是一家强势的公司，每个人的往返机票都是在指定的时间用特快专递送达的。

半小时以后，杨大同快步从林华和山姆的办公室里走出，回到了会议室。

杨大同没有立刻讲公司的决定，而是很高兴地说：“各位辛苦，待会散会，请大家去公司酒吧用餐，也算为大家饯行吧，今晚的酒我请客。”

“耶！”四个人鼓起掌齐声说道，“谢谢杨总！”

杨大同摆了摆手，停顿了一下，继续说道：“我们接着开会。”大家能感到杨大同的声音里带着高兴和激动。

“我们给各位正式宣布公司副总裁刚刚签署的文件，首先我很荣幸能在茫茫的人海中与各位相识，因为你们每一位都是行业和地区的优秀人才，我代表福斯特公司欢迎你们的到来，欢迎你们加入福斯特这个全球大家庭。今天我很高兴，各位对区域市场的运作方案全部通过，这是副总裁的签字。”杨大同向大家举起了林华刚签名的文件。

这时杨大同手下的这四位一起跳了起来，紧紧抱住了杨大同，把杨大同抬了起来，直奔公司的酒吧。一路上四个人一直抬着杨大同，一齐唱起了最流行的歌曲《萍聚》。

别管以后将如何结束
至少我们曾经相聚过
不必费心地彼此约束
更不需要言语的承诺

只要我们曾经拥有过
对你我来讲已经足够
人的一生有许多回忆
只愿你的追忆有个我

公司的酒吧其实就是公司的餐厅，因为工厂在郊外，所以大家平时的娱乐活动都在这。把一个角落简单地装扮一下，就称酒吧了。它比起外面营业的酒吧档次要差很多，但是这不重要，因为来这里的人都是公司内部的人，大家非常放松，不必像在外那样拘谨。经常深夜里看到一些老外在里面喝得歪歪倒倒，不过等到第二天，一切又恢复了平静，似乎什么也没发生过。

杨大同一下把整箱的啤酒全部打开，给每一位倒上后，说道："今晚放松地喝，明天开始就看各位了，希望我们同舟共济，在我这只'羊'的带领下，我们做中国最好的"销售动物团队"，以后大家在一起都是好兄弟，我以后对你们也就用简称啦，不过我不会在外人那里说，这是我们之间的小秘密。"杨大同笑着举起了酒杯，五个人一起把酒一饮而尽，猪马牛猴熊全部到齐。

公司酒吧的灯整整亮了一夜，杨大同已有很久没有品尝过酒的味道，但今夜破例了。

说到喝酒，发生在杨大同身上的一幕他永远不能忘记。那是18岁的生日，杨大同和几位要好的同学，也学着大人的模样开始干杯了。因为18岁成人了，心里放松了于是这毛头小伙失去了自控，不知道喝了多少，当他醒来时发现自己躺在120急救中心的床上。看着守候在身边一夜没睡的父母，杨大同悄悄地流下了眼泪。从此，杨大同无论到哪里，无论在任何地方，他都是能不喝酒就不喝。可这一夜他破例了，他知道这一夜是他奋斗的开始，他会将全部的心血和青春献给福斯特公司，因为这对他的职场人生来说是一个飞跃，有山姆的鼎力相助和副总裁林华在背后默默地支持，这将是他一生不可多得的机会。

这夜无眠，明天他和他的营销团队将迎来新的一天。

福斯特中国之战已经打响，根据杨大同设计的区域市场三角形原理的模式，以武汉为中心，长沙、南昌为支点，以上海为中心，合肥、南京为支点，以此类推在中国的一线城市设立中心，二三线城市为支点，推行三角形闭合模式。再以二三线城市为支点，向下设点，将市场推向地级市、地级县，形成闭合三角形。

任何一个多边形都可分解成三角形，所以尽管各个城区大小形状有差异，但是都可以用三角形来分割，包括对卖场和批发的设点，都可以运用三角形的原理。因为三角形市场各点会产生互补效应，假如一点销量不理想，另外两点销得好，就可带动其区域销量。

三角形市场对物流来说是起点出发然后回起点的循环，节约运输成本。大区域三角形细分市场与各个小三角形市场相互支持的同时相互制约，有助于企业对市场价格的监督与管理，使市场可以分割、可以联合，非常灵活机动。

杨大同的“动物团队”都是出身顶尖一流的公司，他们不但有非常敬业的精神，而且他们具有一流公司操作市场的模式和先进管理经验。

杨大同的“动物团队”迅速在各地的市场开始构建销售网络。卖场、渠道、流通全线铺货。而原先启动的市场都是核心经销商，后来还加入一些杨大同核心团队原有的客户和经销商，他们以最快的速度让棒棒产品切入一些市场。

随着市场份额的不断扩大，杨大同的核心团队在各地区的销售人员培训迅速开展。他们以市场为导向，注重销售细节的培训，从与客户沟通的第一句话开始一直到成交收款。统一的产品，统一的销售信念，统一的着装，统一的品牌。虽然，各地区经济发展情况有所差别。但是他们抢占市场份额的时间与速度几乎不分上下。

随着销量的上升，各地销售人员不断增加，一时间占据了大部分市场。很多公司在调研的时候，都发现了这一新兴品牌。当时非常流行的说法是：超市有三宝，一可口可乐、二雀巢咖啡、三棒棒产品。

很快，在各大城市棒棒产品销售全线飘红。福斯特生产基地车水马龙，一辆辆发往全国各地的车子在门口排着整齐的队伍，一张张要货的订单像雪花一样飘到了杨大同那里。

山姆笑了，林华笑了，一封越洋的传真，总部也欢呼了。

全方位广告轰炸也将要开始，国际几个著名的广告公司老总都以最快的速度飞抵福斯特公司总部，他们已嗅到福斯特在中国做市场的决心，想拿到全中国营销广告的大单。因此，林华不得不在厦门与总部之间来回飞，中国福斯特的万名员工对未来充满了信心。

福斯特进入中国市场已经整整两年了，这个食品行业的巨头在全国的影响越来越大，在快消品行业中已进入了前三名。

杨大同和他带领的团队在行业中越来越出名，频繁出现在媒体上，他们的收入也成正比上升，引来很多同行的羡慕。

通过武汉的经销商运作，福斯特产品进入到95%的大卖场，并在汉正街开了7个批发点，产品通过流通已在湖北省各地市均有销售。

福斯特百人直销队已覆盖了武汉三镇的两万八千个终端小店，大街小巷都能见到福斯特好吃好玩的招贴画，无广告的自然销售正有序上升着，不愧为国际品牌。

长沙、南昌、合肥、福州一切都按照福斯特的整体营销计划进行着。

第七节　迎接挑战，整治冒牌货与倒货

天有不测风云，正当福斯特的营销计划有序地进行时，合肥的熊文军电话连线杨大同："杨总，合肥销售不动了，产品回流，江湖救急。"

杨大同飞往合肥，巡视了合肥市场一圈后，杨大同并没有发现任何可疑之处，各大卖场的零售价也未发生变化，但是一个事实是福斯特的产品滞销，退货也纷纷开始了。

面对这突来的情况，杨大同心里有些着急。因为合肥这个二级市场现在的情况和刚上市时完全一样，变化未免也太快了，即使销量下滑，也不会如此之快，况且广告也还在进行着。杨大同感到中间有问题，但是出在哪里，他不知道。

在合肥的这两天，熊文军特别忙。几次杨大同邀他一起看市场，他总是以这样那样的理由拒绝了，不是去和经销商谈判，就是开发客户，或者去培训下面的销售员。

慢慢地杨大同察觉到熊文军在有意回避自己，不过这种念头一闪而过，都是自己的弟兄，不该这样想，杨大同打消了这种念头。

想不到的是，一封邮件揭开了合肥销售下滑的全部秘密。

这封电子邮件名为"合肥棒棒"。棒棒是福斯特的主打产品，先期开拓市场都用它，无坚不摧。杨大同看到下面几行字，心抖得很厉害，使劲地攥着拳头，如果旁边有人，必遭重拳。

信文如下：合肥经理熊文军和他小舅子开发了一种外包装很接近棒棒的产品，他们现在走的销售渠道全是福斯特棒棒的，他们每月获利近30万元，可是欠我的设计费一拖再拖，今天老子告发他，钱老子不要了，给他们买棺材。

原来是一个设计师拿不到模仿福斯特产品的设计费，一气之下告发了熊文军。

杨大同全明白了，合肥必须要中场换人，而且要灭“熊”，夺回原来的市场份额。

杨大同不声不响地回到公司，立刻请求设计部门以最快的速度更换了针对合肥市场的产品包装，并运用了反差极大的色彩。同时，在合肥的晚报上刊了为期一月的声明：为保护合肥消费者的利益，打击假冒伪劣产品，福斯特更换包装，欢迎大家举报。同时各大卖场全部上展柜，并大力促销。

合肥经理熊文军来找杨大同，并理直气壮地说公司如此在合肥调整销售，而合肥经理全然不知，如何开展工作，杨大同递给他的是解除劳动关系的合同。熊知道一切都完了，悄悄地转身走了。

杨大同让南昌的“马”暂时接管了合肥市场，并告诉她春节要到了，辛苦一点，尽快物色到合肥的人选。他自己马不停蹄地赶往武汉，又有一场仗要打，这是杨大同预料之中的。

春节的脚步越来越近了，杨大同刚刚处理了合肥的事，心情格外好。昨天忙了一整天，今天早上他还是早早来到办公室。

窗外，太阳正在升起，一片金黄的颜色。天气不错，他随手拉开了办公室的窗帘。办公室在18楼，阳光和视线都非常好，窗子正对着武汉长江二桥。凭窗眺望波澜壮阔的长江，远处往来的车辆川流不息。杨大同懒洋洋地拈出一根“555”，叼到嘴上，“啪”一声弹开了ZIPPO打火机的盖子。天气好，景色也好，连这ZIPPO的声音也格外动听。

湖北市场是一个有基础的市场，武汉“牛”很努力，湖北市场已经进入了销量快速增长的成长期。但杨大同到武汉后发现湖北市场布局不尽合理，而且相当多的要点市场没有深入下去。在布局调整中，虽然在终端遇到对手疯狂反击，但凭借雷厉风行的作风和顽强的战斗精神，销售团队还是拿下了黄石、宜昌、十堰等湖北重镇。

杨大同提出新的市场发展计划，一封封传真、一个个电话不断传出，还往上海市场部飞了两趟，总部终于完全同意了杨大同的方案，并且批准在春节前夕实施。

湖北市场经过调整后再铺3000箱产品，然后开始全方位的广告轰炸。昨天，在湖北电视台，市场部终于拿下了覆盖湖北全省的电视广告的黄金时段。这可是一笔不小的市场费用，开年一定要创造一个开门红。想到这里，杨大同不禁暗暗高兴：这颗重磅炸弹一放，也让他们看看我杨某的厉害!

公司里不停地有员工进出，上班时间到了。

杨大同拿出了充电器，给手机充电。手机是他昨天忙里偷闲新买的，摩托罗拉最新的款式，经典商务手机。

杨大同正端详着手机，这时电话铃响了，“向前向前向前，我们的队伍向太阳……”杨大同就喜欢这个彩铃，旋律总是那么让人振奋。这是一个陌生的电话，来电显示区号是0371，这是河南郑州市的电话，杨大同有点纳闷，但还是按下接听键：“您好，我是杨大同。”对方半天没说话，杨大同大声问道："喂，谁啊？"

一个陌生的声音从电话那端响起："您好！杨经理，我是你们郑州的一个客户，现在我这里有些你们不好销的产品，请帮我解决一下吧？"

"河南？喂，听我说，我是湖北的销售经理，你找你们那里的销售经理。"杨大同觉得有点莫名其妙。

"河南的经理说要你们解决，因为我的货是从武汉拿的啊。"

"不可能，我们从来没有跨区销售。"

对方又说："不可能也许是可能，我有500箱货，卖不掉，请帮帮忙吧！"

"对不起，我帮不了这个忙！"说完，杨大同挂断了电话。

"TMD！"杨大同骂了句脏话，拉开门对门外助理说道，"好好查查，我们有没有冲货到河南。"

"是，杨经理，"助理非常干练地回答。

整整一天，助理的电话一直在打着，从武汉市区打到了郊区，邻近的几个城市的经销商一致回答：没有冲货到河南，都是严格按合同执行。

杨大同松了口气，原来虚惊一场。一种原因可能是对手发现了什么，故意来捣乱。还有一种可能是打错了电话，别的厂家乱冲货，张冠李戴了。总之不是自己的问题就好，悬着的心放下了。

最近，同事们很辛苦，杨大同笑着对助理说道："晚上集合，去吃自助餐！"

"好啊好啊！杨经理你是该请客啦，这段时间忙得大家的脸全都小了一圈了。"助理高声地嚷着，一蹦一跳地通知去了。

黄金时段的广告开始投放了。杨大同早早回到家打开电视，一到广告时间，就看着电视的荧光屏笑，嘴里还嘟囔着："好，嗯，不错……"随着广告攻势的展开，各地的要货电话越来越多。电视广告像一针兴奋剂，让办事处每个人都激动起来！同事们打招呼都带着笑，忙里偷闲地讨论今年的奖金会怎么样，拿到奖金怎么花。杨大同的脸整天乐得像朵花，走路都时不时哼哼小曲，吹吹口哨。

一个星期之后，杨大同正在办公室看武汉"牛"的销量图，这条线这一个星期都在一直往上跑。这时，助理正接听的电话引起了他的注意。助理好像在说："不行啊，我们从来没有这个价格，我们是跨国公司，全国一个价，不可能，我们没有这个价格，不是我们的产品。什么？你刚进过货？在哪里进的？不会吧，一定是您搞错了。对不起，我们不能做！"

助理挂完了电话，杨大同从办公室探出头问道："怎么了，有什么事？"

"我也弄不清楚，今天我都接了四个要货的电话了。"助理回答。

"那好啊，说明我们的棒棒销量好啊。"

"不是啊，这些小店都怪怪的，好像商量好的一样，要货的价格比我们的价格一箱少 20 元，而且说是我们直销公司联系的，送货上门，说上次都这样，真奇怪。"助理一脸疑惑。

"什么？"一种不祥的预感从杨大同的脑海里闪过。"送货上门，每箱价格少 20 元？"杨大同眼珠都快掉出来了，难道是那个河南的货过来了吗？他赶紧从手机的通话记录一条一条地翻着电话号码。

正在找着，杨大同的手机响了，手机里传出汉口客户黄老板的叫声：

“我说你们是啥跨国公司，我看你们就是个骗子公司，我不做了，退货！”

“黄总，您别急，有事慢慢说，您千万别生气！”尽管黄老板的口气不善，杨大同还是赔着笑脸，但心中那种不祥的感觉更加强烈了。黄老板是大客户，手上有不少商店，去年年底好不容易发展起来的，还指望他今年在武汉市场有突破呢。

“能不生气吗？我的几个老板朋友可是我穿开裆裤玩大的好兄弟。现在好了，就是因为你们这啥玩意洋产品，他们一起骂我，都不和我合作了，说我是老黑，不但皮肤黑，连心都黑了。他们说皮肤黑没关系，一样是好兄弟，可心黑了，就只有一刀两断！”黄老板的话又快又急，看起来真是气得厉害，“杨经理，我可是全按你们的价格表操作的啊，本来广告一上来，我还准备大干一场……”

“黄总您平静一点，按我们的价格操作，他们不应当这样说您。您跟我说说是哪几家……”黄老板的话基本上印证了杨大同的担心，杨大同想打断黄老板，多了解些情况。

“杨经理你听我说完，你们这跨国公司真会害人啊，两套价格，你们自己送到人家店每箱比我少几十元，你让我怎么做？你们想做，为啥一开始你们不自己做？现在看到市场做起来了，你们又搞什么直销，你们真的是一群大骗子啊！我坚决不干了！退货！”黄老板怒气未消，抢过话头，稀里哗啦说完，把电话挂了。

杨大同回拨过去，安慰了黄总几句。这时汉阳、武昌的客户也反映了同样的事情。杨大同这时感到事态严重，一定是冲货了，而且很可能是上次打电话的那个河南客户做的。

杨大同拨通了区号 0371 的号码：“您好，我是湖北的杨大同，货是你们冲的吗?”

对方非常平静:“您好！尊敬的杨经理！您是大经理，还记得我们这小客户啊，好啊，呵呵，有事请说。”

杨大同控制着自己的情绪，非常客气地说道:“湖北市场是我负责的区域，你们区域的问题找你们那里的负责人好吗?帮帮忙，朋友，到武汉说一声，我能做的一定做，好吗?兄弟!”

“哈哈哈，杨大经理，你现在这么客气，简直让我们小客户受宠若惊啊。”对方话锋一转，“帮忙可以，不过我帮你，你也要帮我，谁都不想做蚀本的买卖。我帮你，我三天时间不在武汉销货！你帮我，解决这500箱货！但是杨大经理你听好了，我的这批货全部在武汉！下次不一定是小商店了，超市我们也可能考虑。好了，其他的不说，三天，你自己考虑，再见!”对方挂断了电话。

杨大同开着车在武汉大街上转悠，到各销售点看了看，的确没有发现这些可疑的货。

销量还都正常，看来前次对方只是给一个警告，他们还是想解决那500箱货的问题。可是，这货又是谁发的呢?

杨大同回到办公室，打开了电脑，调出全部销售资料，没有发现任何异常。他决定向老总汇报，这可是他进公司以来第一次向总部求救。

到了晚上，公司总部来了份传真，原来是去年年初，前任销售总监砍掉了部分客户，这一家就是其中之一。这个客户因为销售业绩比较差，离当初的合同约定还差500箱货，为了拿回返利和销售保证金，客户用现金买了500箱货，但是收货地点不是武汉，而是河南。

杨大同这时候记起来，当初这个客户曾经到公司找过自己。因为这是前任处理的事情，当时自己刚到湖北不久，不清楚情况，就让他找前任去了。杨大同还回想起一些细节，当听到销售保证金和发货到河南时，自己心里“咯噔”一下：“老顾（前任经理）居然这样整呀?”现在，一切都明白了，不过一天时间也过去了。

现在，杨大同有两个选择：第一，不用理睬，态度坚决，让市场自行消化；第二，找钱吃下这批货。整整一天的思考、掂量，杨大同的大班桌上全是烟头和烟灰，废纸也扔得满地都是。不理睬风险很大，现在正是销售上量的时候，对方的500箱货也不是小数目，他如果隔段时间抛一点，湖北市场就会有很多麻烦。如果接下这批货，也有两种选择：保护本地客户，申请现金接下来；或者召开本地客户会，讲明情况，大家一起接下500箱，在以后的市场支持费用中消化。

他也不清楚哪一种可行。叼上一根烟，“嘭”ZIPPO的声音既不清脆，也不好听，有点沉闷。这时区号0371的电话打来了，杨大同没接，可又打来了，杨大同不停地按着拒接，可电话还是响着！

“喂！什么事?”杨大同不大情愿地接了电话。

“已经两天了，我可是遵守了约定的。明天是最后一天，我提醒你一下，杨经理，考虑好了吗?”电话那头的声音依然很平静。

“滚！”杨大同心里恨恨地骂了一句，但嘴上尽量平静地说：“谢谢，知道了，明天会答复你的。”

“等等！”对方似乎听出了杨大同想挂电话，及时阻止了杨大同的动作，“我们盘查了一下，总共有539箱，这是准确数字……”

挂断了电话，杨大同不停地在办公室里走来走去，不停地吸着香烟，墙上的时钟嘀嗒嘀嗒地走着，突然电话声音又响起来，一股无法抑制的无名火冲上心头，杨大同狠狠地把手里的东西往地上一甩。“咔嚓”一声让杨大同清醒过来，新买的手机已经变成了两半。

推开窗子，杨大同再也没有心情看风景了，对空大叫了一声：“老天啊，我的运气怎么这么背啊！”

中国市场开战不久，虽然是节节胜利，但是市场存在的问题也不断地暴露出来，这不但考验一个职业经理人的管理能力和执行力，最重要的是考验福斯特集团运作中国市场是否水土相符。杨大同此时不断地告诫自己冷静，冷静，再冷静。

最后，他试着给山姆打电话，看一看他能否帮助解决。听完杨大同的述说后，山姆沉默了一会，后来在电话的那头响起一句“对不起”。

杨大同的心彻底凉了，正在这时，杨大同刚要挂电话，一个女声说话了：“杨总，别急，明天是最后一天，我上午到武汉。”是林华，杨大同一惊，已惊动总裁，看来这事非同小可，不过心里还是特别感谢山姆，一定是他汇报了。

“谢谢林总裁，明天我去接机。”杨大同挂上电话，在大班椅上合上了双眼，暂时把烦恼和不悦给忘却。

林华一行三人到达武汉，没等杨大同安排好酒店，就带着公司的财务总监和广告总监直接去考查武汉市场。杨大同正准备订下酒店，订午餐时，林华他们一行却登上了回程的航班。

下午，一封从总部发来的传真使杨大同走出了困境。传真先是高度表扬了杨大同武汉市场的成绩，最后总裁特批，这批窜货公司全部购买，作为对武汉市场的支持，全部用于促销和品尝。当然最后通报全国市场，这笔费用全部算在前任销售总监老顾头上。

杨大同看完传真，深深地吸了口气。总裁能对武汉市场这么支持，说明了福斯特中国对中国市场的信心，前几天，山姆还说总部对武汉设厂已立意向。林华总裁为这事一直在奔波、忙碌着，杨大同对自己的职业生涯也十分憧憬，他想，一个普通的打工者在福斯特中国找到了一个真正值得奋斗的平台，自己将会迎接更大的挑战！

第四章

人生抉择，校园充电

第一节 突发事件，急回厦门

深秋的武汉早已寒气逼人，大街上穿梭的汽车的车窗上已结上了薄薄的冰霜。在这座江滨美丽的都市，大街上的人们早早地穿上了冬衣，但是这一切仍挡不住这座大都市所散发出的诱人魅力。它是一座充满活力的不夜城，生活在这里的人们被它陶醉，无数的人们在这里让自己的梦想成真，也有许多人带着莫名的遗憾和惆怅悄悄地离开了它的怀抱。

晚上，杨大同正在和武汉的一家广告公司商谈关于下一步广告投放的时间。眼看春节的旺季就要来了，福斯特的产品正从生产基地一车接一车地运往武汉。当红的明星广告片也制作完毕，只等一声令下，将唱响"B&B，棒棒常伴我！"的乐章。

正在市场操作的紧张关头，杨大同突然接到了山姆给他的电话，让他立刻回厦门公司总部，因为公司有突发的紧急事件。尽管杨大同一再追问到底发生了什么事，可山姆只有几个字："到厦门再说。"

杨大同拿起电话，拨通了航空售票处，被告知最早的航班也是要后天才有票时，他开始着急了，从随身带的皮包里拿出了通讯录，挨着顺序一个一个地打，想让熟悉的朋友帮忙，给弄一张去厦门的机票。长年在外，杨大同已非常习惯了这种来无影、去无踪的"大侠"生活。经常是喝着广州的早茶，吃着西安的午餐，晚上又和北京的客户商讨下一步营销方案。

“喂，我是大同，谢谢你，很急很急，我要回厦门，有机票吗?”“好的，好的，我等消息，不能超过半小时，要快要快!”一个个求援的电话打出去。客户两只眼睛瞪得很大，看着杨大同，轻轻地说：“杨总有事吗？先用我的车吧。”

杨大同笑了笑说：“好，送我去酒店拿行李。”

客户不解地问：“杨总，你不是要在武汉待三天？还要看电视广告吗?”

杨大同一边解释一边伸手拿过了客户手中的车钥匙，急着奔下电视台的消防楼梯，好像一分钟都等不及的样子，客户也没办法，只得喘着气和他一道拼命地跑。

客户一脸不解的样子，冲着杨大同离去的背影嘀咕着：“啥跨国公司，做事从来都是风风火火！千万别让我武汉的广告支持泡汤了，我投入的心血太多太多了。”

杨大同开车赶往机场的路上，手机响了：“喂，你好，是杨大同先生吗？我是前天和你一起同一个航班回武汉时认识的那个导游啊，你还记得吗？我知道，刚刚打你们公司的电话，说你自己开车回厦门，我帮你查了一下，刚好今晚 12 点 40 分有一个加班的航班，我已经和机场的售票处帮你订好票了。”

“万分感谢！导游小姐，回武汉一定请你吃饭!”

机场广场上的人不是很多，杨大同一眼看到前天刚认识的那位导游小姐正站在门口，左右地张望，离她不远处是司机小任，可他们一定不知道是等同一个人。杨大同一下子把车子开到他们两个人的中间，突然一个急刹车，吓得导游小姐和小任各自往后一跳。

杨大同打开车门拿着皮箱，向导游小姐挥了挥手："嗨！这真是太感谢了！"

"不客气，杨总，我们是朋友，能帮上忙是应该的，你先去候机厅吧，时间也不早了！"导游小姐带着杨大同直接从售票窗口拿出了机票。

"好，谢谢！"杨大同回头对着小任喊，"来，把这位导游小姐送回去，一定要送到家啊，今晚可把你们给折腾坏了！"

"好的，杨总，一路平安！"

杨大同大步地走进了机场的候机室。换登机牌处没有人排队，民航小姐很快给杨大同换了，安检处也不要排队，杨大同很快把香烟、打火机和钥匙往安检的小筐一放，就过了安全门，这一切一共才几分钟。杨大同看了一下手表，离起飞还有一段时间，长长地松了口气，坐了下来，眯起眼睛养起神来。

飞机很顺利地到了厦门，机场门口排着一排上红下灰的出租车，杨大同一招手，上了车，对司机说道："holiday inn。"

司机看了看他又问道："老板，去哪里？"

杨大同这时才意识到，马上改口："sorry，假日酒店。"

出租车司机向杨大同吐了吐舌头做了个鬼脸，杨大同自己也笑了，一边对司机说："兄弟，在机场跑出租要多学点英文啊，呵呵呵，语言不通，就不好赚美金哪。"

"对，对，老板，我一看你就是做大生意的，我今天拉的全是大老板。"出租车司机附和道。

"我可不是大老板，一个帮洋人跑腿的小伙计而已，呵呵。"杨大同得意中夹杂着谦虚。在跨国公司中的高管，似乎都有高人一等的感觉。但是杨大同平时很低调，最怕人说他是假洋鬼子，除非和一点中文不懂的老外在一起，平时很少说英文，但是，有时会情不自禁地蹦出几个单词，不过很快他就会给自己纠正了。他时时地提醒自己：俺扒了皮，烧成灰，都是中国人。

第二节 千里危电，母亲病重

杨大同坐在27层的大厦旋转餐厅最西边的一个角落里，放眼眺望着远方，不停地有五彩缤纷的烟火升起。虽然是27层的大楼，仍可以清晰地听到阵阵的海涛声，现在是午夜两点，正好是涨潮时，海浪一浪高过一浪。餐厅里仍然有客人，不是很多，稀稀拉拉的三两个。一曲萨克斯《回家》悠扬地回荡在整个餐厅。杨大同的邻座是一对热恋中的老外，他们相拥着显得异常的甜蜜。

杨大同已不是第一次来到这南国的花园城市，中午还在北国的冰天雪地看市场，一转眼又到这里。杨大同感到自己的肚肠里像有一只手在里面一抓一抓的，看来真是饿了。到现在他已经好几十个小时没有合过眼了，脸上已露出一丝疲倦，他对服务员说："来瓶啤酒，再来一份七成熟的牛排，哦，不，来两份吧！"

这时，"嘀嘀"手机响了。"杨总，你好，到了吗？我是山姆，辛苦了，我是明天下午回国的航班，上午我们聊聊，你也早点休息吧，明天再面谈！"

"好的，拜拜！"杨大同挂了山姆的电话，打了一个重重的哈欠，从皮箱里拿出了一包camel的香烟点上，深深地吸了一口，烟雾从口腔进入了肺，又长长地吐了出来。几个小时的飞机，把他给憋坏了，虽然不停地吃着口香糖，但那是替代不了吸烟人对尼古丁的依赖的。

“嘀嘀”手机又响了，这时，杨大同的身子动也没动，眯着双眼，心里很不高兴。这么晚谁还有事没事地打电话，不管它了，铃声响了一会，停了，可紧跟着又急促地响起。

杨大同非常生气地按下了接听键，大声叫道：“你有完没完，深更半夜的打什么电话，有毛病啊!”

可电话的那头是一个熟悉的声音，一下子杨大同睡意全消，从座位上弹了起来，“孩子你好，现在还没睡吗?”

“爸爸，我刚到厦门，这么晚有事吗?”

“我刚刚给你打了好几次手机，都没有接通。”

“哦，老爸，我在飞机上，所以无法接到。”

“孩子，你母亲前天的手术病理切片已经出来，情况不是太好，可能要化疗，你一个人在外，自己要注意身体！我特地告诉你，希望你有心理准备，你已经长大了，是成人了。”

“爸，到底怎么了?”

“孩子，我们知道你的工作很忙，你妈妈一直不让我告诉你，你妈妈在半个月前被检查出来得了乳腺癌，前天做了手术，同时做了病理切片，报告才出来，手术做得挺好，你放心吧。”

“知道了，爸爸。”杨大同轻轻地说。

此时，杨大同感觉头晕胸闷，脸上的肌肉不停地在抖，眼泪也夺眶而出，尽管服务生送来了可口西餐，他已没有任何胃口。杨大同起身拿着房号的牌子，要了一瓶500ML的红星二锅头，转身一头扎进了电梯。

不知过了多久，杨大同拖着皮箱，拎着那瓶二锅头，站在1118号房间的门口，把房卡在那左插右插，就是打不开房门。他大叫服务生，脚上的名牌皮鞋也一个劲地往门上踹。

这时，过来一个服务生，轻轻地推开房门，然后小声地对杨大同说道："先生，您开的方向不对，不是使劲往左边，也不是一直往右。"

"我不对？全世界只有你们这里的门如此邪门！"杨大同此时像一头发怒的雄狮，一点也没有跨国公司老总那种温文儒雅的样子。当服务生帮他打开门后，"砰"的一声，杨大同关了房门，连道谢这起码的礼貌他都没表达。

他的举动吓坏了服务生，在这样的国际连锁五星级酒店里，很难见到这样的举动。服务生摇摇头，轻轻地离去了。

杨大同把房卡往电源处一插，皮箱往地下一扔，脱光了身上所有的衣服，随手胡乱地扔在地下、桌上、窗户上，然后一把拧开了酒瓶的盖子，"咕咚、咕咚"一下子灌了大半瓶，打开了浴室淋浴的开关，热水哗啦啦地冲着全身，水、泪、酒全混在一起，酒精使他的血不停地向上涌，滚烫的热水把皮肤弄得通红通红，他斜躺在浴缸边上迷迷糊糊的，热水仍不停地冲撞着他的全身，从头一直到脚……

"Good morning!"酒店服务生一声叫早把杨大同从睡梦中叫醒，这时杨大同才发现自己在浴缸里睡了整整一个晚上。杨大同慌乱地穿上衣服，打开房门。

服务生正推着早餐车站在门口，很有礼貌地向杨大同问好："先生，早上好！这是早餐，品种有……"没等服务生说完，杨大同就拿了面包和一杯牛奶，拖着皮箱去总服务台退房和结账了。

第三节 晴天霹雳，副总裁空难

酒店到福斯特公司不是很远，差不多有40分钟的路程。杨大同向福斯特公司保安交验了胸牌，就急急忙忙地赶向公司的办公大楼。从福斯特大门到办公大楼有五六十米的距离。平时到公司，总能看到进进出出忙碌的人们，可是今天有点特别，一路上一个人也没有，静悄悄的。

一种不祥之兆在杨大同心中油然而生，杨大同想到山姆在电话里的语气，心里揣测着到底发生了什么事：是山姆辞职呢？还是公司大换血？还是有市场问题？难道是福斯特公司发生了重大生产事故，违反国家的投资法律，偷税漏税？一连串的问号在杨大同脑海里闪过，他不敢再往下面想。走路变成了小跑，他直奔办公大楼去了。

福斯特办公大楼前面悬挂着总裁林华的巨幅照片，这是一张她毕业时穿着学位服戴着学位帽的照片，面带微笑，眼睛不是很大，但十分有神，让人一见就能感到这是一个睿智的女孩。照片有3米多宽，2米多长，照片的四周是黑色相框，周围摆满了满天星和情人草，一排排的檀香冒出缕缕青烟，分三层摆放了24根白色蜡烛，每层8个，林华今年正好24岁。公司的总裁助理和一些其他部门的经理已整整守了一夜了。杨大同被这样的情景惊呆了。

他双腿一软，跪在了林华的照片面前，失声痛哭："林总，这怎么回事啊，你前天还在武汉，连中午饭都没来得及吃，这怎么了啊!"

旁边的人递上了一份英文报纸，杨大同一眼看见巨大的飞机残骸的照片登在头版头条，下面的文字根本不用看了，杨大同也看不下去了，顿时一下子全明白了。他知道，为了福斯特集团投资中国的业务，林华每天都要飞来飞去，空难！是空难啊！杨大同泪如雨下，浑身瘫软在地上，晕了过去。

杨大同被山姆喂了一点水后，慢慢地醒了过来。山姆已收拾好行李，对杨大同简短地交代，他的妻子正在英国的一家医院剖宫产生孩子，他必须回去。他拍了拍杨大同的肩，递给杨大同一封信："这是林总笔记本电脑里留存的，是给你的，杨先生，我拷贝下来了。"

"拜拜，山姆。"杨大同走到林华的遗像前深深地鞠了三鞠躬，抹泪匆匆而去。

杨大同很小心地拆开信的封口，首先映入眼帘的是两个红色大字：绝密，杨大同小心翼翼地一字一句地读完了它：

今天，我非常高兴，福斯特在中国的大规模投资已有决定性进展，没有人知道我为什么会拼命地做这件事。虽然爸爸、妈妈暂时不看好中国市场，可是中国市场是一座巨大的金山，如果福斯特能在全中国畅销，那么它能占福斯特全球销售额的69%，那是多么让人激动的事情。

我爱中国，在国外别人都说我是中国人，但是在中国，大家又称我是"老外"。我的血脉里流着华人的血，可是我没有中国的居民身份证，每次看到公司的员工在入职登记时拿着身份证，我都很羡慕。他们谁也不知道，他们的老板仅仅拥有中华人民共和国大使馆签发的中国护照，我不知道我是哪里人。

我爱上一个有中国居民身份证的中国男孩。我从几年前就喜欢上他，偶然地我和他当了几天的同事，我和他还参加过不知道新郎新娘是谁的婚宴。在他的身上，我看到祖父他们一代人在海外拼搏的影子，我喜欢上他。我知道他没有很多的钱，也没有良好的教育，可是，我喜欢他那种永不放弃的精神。现在福斯特的销售全是他带领着团队夜以继日地拼搏出来的，也许他根本不知道他的老板爱上他。我不敢跟他说，也不敢跟爸爸、妈妈说，我怕，我怕失去他，也怕爸、妈会反对，失去我亲爱的爸、妈。

舅舅从小就疼我，他已答应在中国的武汉投资4000万美元建厂，明天我就要飞加拿大了，太高兴了。今晚我要好好地庆贺一下，事情终于有了眉目，我要把这封信好好保存，等到我做新娘的时候拿给我的新郎。我会在武汉购买最好的别墅，我要为他生7个孩子，等老了，从星期一到星期日让他们轮班照顾我们，哈哈，开心死了！

我相信福斯特产品在中国一定能成为家喻户晓的产品，因为我们在东南亚和欧洲已有了50年成长的经验。

亲爱的爸爸、妈妈，感谢你们让我来到中国，但千万千万别拦着我嫁给中国的男孩。上帝，请保佑我吧！飞了这么多天了，我要休假，我要休息，等我回来，我就可以大声地说一句：杨大同，我爱你！让工厂开工的礼炮为我们祝福！我亲爱的中国男孩，我再也不要偷偷地去想着你。工厂开工日，就是我们的订婚日！你同意吗？大同，那时的我可不是你的老板，而是你的太太啦！哈！哈！哈！

杨大同深深地叹了一口气，紧闭着双眼，眼眶里已没有泪水，只剩下满眼血丝和红肿。

他回到办公室，轻轻地收拾着文件，妈妈还在老家的医院，他和助理简单交代几句，乘坐回家的航班，去看妈妈了。

第四节　感叹生命，巅峰离去

飞机从机场起飞的一瞬间，杨大同的心情更加沉重了，深深地吸了一口气。“为何上天如此对我？我是一个从不向苦难低头的人，可是为什么要送给我这么多的灾难？”泪水禁不住地流了下来，这次的飞行好像是他坐过的所有航班中最慢的一次，每一分每一秒都是那么漫长。

一个多小时以后，杨大同第一个出了机场的大门，虽然身上的衣服很单薄，但是此时的杨大同已感觉不到季节和气温的变化。

出租车司机最会察言观色，从杨大同阴森的脸上就看出他一定是遇上了大事，何况是直奔医院。出租车司机开足马力，仅仅 10 分钟就跑完了近 20 公里的路程。

医院里的电梯缓缓升起，随着一声“叮咚，12 楼到了”，杨大同急忙冲出了电梯，他快步走到重症观察室的门前，门关闭得不是很紧，还留了一条小缝。顺着门缝，杨大同一眼看见亲爱的妈妈静静地躺在病床上，周围是氧气瓶、心脏监测器，床边悬挂着输液瓶，里面的液体正“滴答滴答”地往下滴。

杨大同轻轻地推开门，爸爸坐在床边的椅子上，看起来十分疲倦。病床周围除了医院的医疗器械，全都是鲜花，还有一排排的祝愿妈妈康复的卡片。妈妈是老师，为人师表一生，学生都非常敬重妈妈。

杨大同有点控制不住自己的情绪了。突然，杨大同的目光停在了一张粉红色的卡片上：尊敬的老师，我们是您教过的学生，您的儿子不在身边，我们班全体同学都是您的孩子，我们愿意每天都来照顾您，一直到您完全康复。

“妈妈!”杨大同失声叫道，爸爸手指放在嘴上，示意杨大同不能大声，妈妈需要安静。

手术后一直昏迷的妈妈似乎有感应，只见妈妈的眼慢慢地睁开了。

杨大同一步上前，亲了亲妈妈的脸，在妈妈的耳边小声说：“妈妈，儿子回来了，我来看您了。”

妈妈的眼睛里闪着泪光，但脸上充满了微笑，轻轻地拉着杨大同的手，生怕自己的儿子跑掉一样。

正在这时，杨大同的手机响了，安静的病房里，这手机的铃声格外刺耳。杨大同连忙拿出手机，走到了病房外面的走廊。来电显示是福斯特总部的电话号码，是林华常用的电话。

杨大同接通了电话。“尊敬的杨总，明天下午 4 点，在福斯特厦门总部，召开由全球总裁主持的关于福斯特战略的紧急会议，您明天一定要到场。另外，公司向您母亲致以亲切问候，祝她早日康复！请杨总自己也保重身体，再见!”总裁助理简明扼要地说完就挂了电话。

当杨大同再次回到病房时，妈妈又昏迷了过去，杨大同轻轻地对父亲说：“我要立刻回公司，很快就会赶回来。”

他轻手轻脚地走到妈妈床头，看了看输液器，摸了摸妈妈的脸，把周围的被子压了压。这时，他发现妈妈刚才醒来的时候写下的几个字：“营销注定漂泊!”杨大同把纸条捏在手里，轻轻地关上房门，这一次他没有按电梯，而是从消防通道一直冲到了楼底，他边跑边放声大哭着跑出了医院。

下午4点整，在厦门福斯特的总裁室里坐着四位西装革履的外籍人，中间的就是大名鼎鼎的全球总裁。杨大同虽然从未见过，但一眼就认了出来，因为他经常出现在海外的一些报刊、媒体杂志头版或头条的新闻里。但是其他的三位从未见到过，他们个个很精悍，让人一见就会肃然起敬，这也许就是我们常讲的素质和教养吧。他们一位是全球财务执行官，一位是全球人事总裁，还有一位是福斯特全球总策略顾问。三个人都不说话，但是从他们炯炯有神的目光中让人感到他们一定是主宰着福斯特明天命运的人。

今天的福斯特格外安静，它褪去了往日的繁华和生产人员的喧闹，这里一切静悄悄的，仿佛从呼吸中都能感到一丝丝的悲伤。往日的笑脸早已随着淡淡的海风而去，整个工厂短暂停工，虽然各地的要货报告还在源源不断地发来。公司不愿把这个悲伤的消息发出去，虽然海外的影响很大，但国内的媒体没有大规模地报道，只是几家沿海的地方媒体做为一个小事件刊登，并没放在明显的位置上。

全球总裁从黑色的牛皮箱里拿出了早已准备好的文件，每人一份。全部是密封的，加盖着福斯特集团的大印，并在右上角有一个大大的“密”字。

杨大同接过文件撕开一看，是一份有着福斯特全体董事签名的任命书，上面是中文下面是英文，大致内容是这样的：由于福斯特集团发生重大不幸，林华总裁遭意外身亡，为保证福斯特食品在中国市场不断上升的业绩不下滑，集团启动了全球重大意外紧急措施系统，总部已派出20人的高级团队，全面接管林华在全球的业务。由于中国食品市场处于一个特别的上升通道，根据杨大同先生在中国市场领导团队的表现，经董事会研究决定，由中国区销售总监杨大同先生全面负责中国大区的业务，中国市场的食品业务以杨大同先生签字为准。

当所有在场的福斯特高层都打开了这份重要的文件时，全球总裁用不是很连贯的中文及流利的英文把文件从头到尾念了一遍，众人纷纷向杨大同投来羡慕和鼓励的目光，希望他能胜任。如果不是这场意外，杨大同在福斯特升到这样的位置最少需要 20 年，所以这是一个千载难逢的升职机会。

在全球总裁递交文件让杨大同签字时，杨大同激动不已，这是很多人所向往的，可是杨大同没有签字。他从椅子站了起来，上前一步，深情地握住全球总裁的手："福斯特公司是我职场生涯的巅峰，我深深地感谢福斯特对我的信任，给我如此大的职业平台，我非常想迎接这个挑战，这个职位也是我梦寐以求的职位，谢谢您，尊敬的总裁先生，可是我要离职。"

"什么？离职？"全球总裁担心自己听错了，用非常清晰的中文问道，而且语速很慢，他生怕杨大同听不明白，又用英文重复了一遍。这时总裁身旁的三个人像被弹簧弹了一下，全从座位上站了起来，他们一脸惊诧。顿时公司办公室里的空气像凝固了一样。

"是的，尊敬的总裁先生，我决定在我职场生涯最巅峰的时刻辞职，虽然我不愿做出这样的选择，但这个选择是唯一的，我不得不这样做，这是我的辞职书。"杨大同话音不高，但在场的每一个人都听得十分清楚。

总裁接过杨大同的辞职书，示意杨大同先坐下，并招呼身边的那三位集团高层，他们四人共同看了杨大同的辞职信。慢慢地由惊诧转向平静了，全球总裁和三位高层经过大约半个小时的商量和研究，重新起草了一份福斯特集团中国投资书。

杨大同没看到投资书的具体内容，但杨大同隐隐约约知道，因为他的辞职，福斯特集团对中国的投资战略进行了改变，福斯特对食品行业进行全国大规模收缩，减少投资，部分先进的生产线移至海外。

福斯特的这些决定，像一根钢针深深扎入杨大同的心里，杨大同第一感觉就是福斯特食品在中国结束了。当听到福斯特将大量资金转入中国的地产业时，杨大同只有暗暗地祈祷福斯特明天更美好。

总裁在杨大同的辞职书上签了字，杨大同对着这四位公司的高层深深地鞠躬致谢。

在销售总监办公室里，电话响个不停，杨大同的手机也持续不断地响着，办公室里的人谁都没有去接电话。杨大同正在签署一份发往各地办事处和经销商的文件，大致内容如下：各区同事及经销商朋友，你们好！首先感谢你们为福斯特棒棒品牌所做的一切努力，每一件事、每一次活动都凝聚着各位的心血。产品上市到今天，我们共同完成了一个个非同寻常的业绩，我们公司的产品在短短一年多的时间内成为知名休闲食品的前三名，我为各位朋友的付出和努力感到骄傲和自豪。我们一起走过的无数个日日夜夜，让我铭记在心。本人因家中有事，不能和大家一起并肩战斗了，但我的心永远属于你们，永远和你们在一起，敬请你们配合我的接任人员工作，万分感谢！杨大同。

杨大同签名的文件通过传真机传向了全国各地。

椅子上堆着一堆堆培训资料和书籍，杨大同蹲在地下，在不停地整理属于自己的东西。昔日的一幕幕飘荡在杨大同的脑海。放弃人生的巅峰是需要勇气的，但是为了亲情，他别无选择。

“杨，我是来向你道别的!”不知什么时候，山姆提着行李站在杨大同身边，他明显比以前憔悴很多，往日的老总气势早已荡然无存。

看到杨大同在收拾东西时，他大吃一惊：“杨，这是为什么?”山姆瞪大了眼睛，惊诧地说道。当他看到从传真机上滑下的文件时，胸口不停地起伏。

杨大同没有做过多的解释，用笔在手掌的中心写下了几行英文小字：“妈妈癌症，回家。”山姆一下子全明白了，他扔下了行李，紧紧地抱着杨大同，用不太流利的中文说道：“我也回家，我也去看我妈妈，我妈妈也老了。”这位在职场上潇洒的高级经理人居然像小孩子一样，放声大哭起来。

办公室里来了很多人，没有人说话，大家只静静地站在一旁，谁都不想发出任何声音。大家让两位主持福斯特命运的高层尽情地释放悲伤的情感，在场的人无不为之惋惜。但是大家都知道，任何东西都无法与母亲的爱相比。他们默默地在心里祈祷：杨总，好运!

大约过了十多分钟，杨大同用湿纸巾轻轻地擦了擦眼角，随后说：“山姆，我先告辞，我的回程航班比你早，保重!”他没等山姆应答，就快步离去，因为多待一秒就会增添十分的悲伤。

杨大同提着那只随他南征北战的黑色大牛皮箱，一个人头也不回地离开了他心爱的福斯特公司，回家了。

回家的路不是特别漫长，此时一首《故乡的云》概括了杨大同的所有感受。

天边飘过故乡的云
它不停地向我召唤
当身边的微风轻轻吹起
有个声音在对我呼唤

归来吧　归来哟
浪迹天涯的游子
归来吧　归来哟
别再四处漂泊

踏着沉重的脚步
归乡路是那么的漫长
当身边的微风轻轻吹起
吹来故乡泥土的芬芳

归来吧　归来哟
浪迹天涯的游子
归来吧　归来哟
……

厦门回程的航班其实仅仅只有两个小时的路程，但这一次飞行杨大同却感到特别的漫长。漫不经心地望着窗外漂浮的白云，杨大同心情特别的沉重，特区打拼的日子历历在目，犹如发生在昨天。

内心的深处，他深深怀念着福斯特公司。从一个食无定处的小伙，打拼成跨国公司的销售总监，一路走来，实属不易，心里难以割舍。但为了亲情，为了母亲，他毅然地选择放弃。

“对不起，先生我可以和你换一下座位吗?”杨大同抬头一看，是一位年轻美丽的姑娘，她的突然请求，打断了杨大同的思路。

“可以。”杨大同简短随意地回答，对一个频繁长时间出差的“空中飞人”来说，这没有任何问题。

这个姑娘显得很兴奋，刚换下还没坐稳，头就不停地看着飞机的窗外。

杨大同轻轻地拍了一下她的肩膀，用手指了一下飞机安全带。

姑娘红着脸，拉上了安全带。一直到飞机即将到达目的地，空姐让大家关起窗户之时，这姑娘才恋恋不舍地收回了看向窗外的视线。

杨大同有点好奇，轻轻地问了一句：“第一次坐飞机吗?”

姑娘说道：“是的，我出差，厦门。一座漂亮的城市，一路好心情。”

姑娘很大方，反问杨大同：“你也是出差吗?你也是第一次坐飞机吗?”

杨大同笑了笑，一边从行李架上拿出了行李，一边回答她：“我有时一天要坐三次飞机。”

“你吹牛，除非你是航空公司的。”

杨大同没有太在意，苦笑了一下，轻轻地对小姑娘说：“我没有吹牛，我是福斯特公司的销售总监，不，原销售总监。”

“销售总监也不可能一天坐三次飞机旅游啊?”别看这姑娘一路没有说话，可是说起话来却是伶牙俐齿。

这让杨大同较真起来：“我所在的公司是个跨国公司，出差是经常的事情，你知道棒棒品牌吗?”

“棒棒品牌谁不知道啊，很好吃的。我经常吃啊，难道你是做棒棒品牌的?”

“是的，我负责中国市场。”杨大同一脸严肃的样子。

“像你这样衣冠楚楚的人我见得太多了，除了会吹牛哄女孩子之外，你们啥都不会。”

小姑娘这样一说杨大同着急了，在飞机的过道上，他就迫不及待地打开了行李箱，拿出了福斯特的胸牌。

后面要下飞机的人开始叫了：“喂，喂，前面的快点啦，要谈恋爱回家谈。”后面不知道是谁说了这么一句，整个机舱里哄堂大笑。

不过这姑娘非常沉着，装作没听见，但还是十分不好意思地匆匆下了飞机。

从飞机上下来，一直到出口有一段不短的路。杨大同和这个姑娘一直没有说话，默默地各自拖着自己的行李，走向了出口。

杨大同此时无论如何也没有想到，这位年轻的姑娘一年后成了他的妻子。

到了出口，两人各自要离开。突然小姑娘停住了脚，向杨大同递上了一张名片，对杨大同说：“尊敬的福斯特销售总监你好，这是我的名片，上面有我的电话，再见。”姑娘转身上了一辆出租车。

“等等，”杨大同大声地说道，“我的电话是……”但这姑娘坐的出租车已开走了，姑娘摇下了车窗远远地向杨大同挥了挥手。这一刻，杨大同突然想起了妈妈对他说的话："孩子，漂泊在外，还是家里好，你已经快三十了，该成家了。在外千好万好还是家里的媳妇好。"

杨大同脑海里一直回想着刚才那姑娘坐在车上的眼神。心里微微一动，他手里的这张名片越握越紧生怕被风吹走了。

一路狂奔，杨大同没有回家，直奔医院去看他亲爱的妈妈。

医院的病房里，妈妈安静地躺着，手术很成功。杨大同微笑着坐在妈妈的身边，小声地在妈妈的耳边轻轻地说着："妈妈，我回来了，我就在你身边，我会一直陪伴着你，永远地在你身边，儿子回家了，亲爱的妈妈。"

妈妈眼里含着泪花，是幸福的泪花。可是妈妈清楚杨大同放弃了什么，一切都归零了，未来对孩子也是巨大的挑战。妈妈对杨大同说道："孩子，人要以事业为重，我能照顾好自己，你何必辞职，有一份好的工作多不容易啊，太可惜了！"

杨大同轻轻地笑了笑："妈，您别操心了，您好好养病吧，我虽然选择了放弃，可儿子从来不会放弃选择，您还不相信您的儿子吗？我回来是准备读书的。"

"读书？"

"是的，妈妈，我报考了经济类的研究生，打算一边学习，一边工作，还可以照顾您。而且我有女朋友了，我马上要结婚了。这样的选择多好啊，您就放心吧，我会给您一份满意的答卷，您的儿子一定是最优秀的。"

当杨大同说出自己的打算时，病房里传来阵阵开心的笑声。

第五节 重返校园，积累充电

校园的早晨让人感到格外清爽，杨大同远离了都市的喧闹，也离开了激烈博弈的职场，这里没有宾利、迈巴赫、劳斯莱斯，这是一个清静、可以自由呼吸的世界。

校园的气氛让杨大同感觉回到了10多年前，布鞋、书包、姑娘们的羊角辫，这里没有人去一夜高歌，也没有人去谈论XO、马爹列，一个全新的世界走进了杨大同的生活。他脱去了随他飞来飞去、走遍各地的洋装，换上了便装、运动鞋，这里只有无名的鸟声伴随着琅琅读书声，这才是最美好的时光。

开学典礼是在学校新落成的万人体育馆里举行，悠扬的校歌回荡在每个角落，一场迎新会在新任校长的贺词中结束。杨大同选择的专业是这所学校在国内非常权威的专业，也是眼下最热门的经济管理专业。从校长的演讲中，杨大同知道这所学校的创办人有许多著名人士，鲁迅先生也在这里担任过老师，这让杨大同对学校充满了信心。

杨大同带着对知识的向往走进了课堂。当那些导师们摇头晃脑、轻声慢语地站在讲台上向大家讲着西方经济发展时，当市场营销的老师们直接将国外的论著原汁原味地直接灌输给讲台下的学生时，杨大同有些失望了。因为很多专业的理论知识不但空洞，而且和自己曾经工作中遇到的问题和要寻求的那些知识相差甚远，这种失望远远超过常人的想象。一时间，杨大同再次陷入发展的瓶颈，明天的路究竟在哪里？

不知不觉中，冬去春来，学校的上课时间杨大同基本上是在图书馆里度过的，在图书馆这浩瀚的知识海洋里，杨大同忘记了外面的世界。在大量的中外营销书籍和图书馆的网络室里，杨大同度过了一天又一天。每天，他是学校里第一个来最后一个离去的，在那里他已彻底地忘记了这个世界，非常专注地汲取着知识。这是他的性格，除非不做，做就一定要做好。

杨大同把互联网的世界比成另外一个家，每天都漫游在这茫茫的网络世界里。杨大同凭着对营销的热爱和追求，从谷歌网站上搜索到一个非常有人气的营销网站，这家网站汇聚了大量的企业销售人员和中国的财经媒体的编辑。杨大同每天都在网络里和大量的网友交流，也不停地阐述着自己的观点。

第五章

再入职场，依然飞扬

第一节 《销售与市场》意外约稿

有一天，一封邮件打破了杨大同宁静的生活，从此，他又走入了另外一种生活。

这封邮件是来自国内最知名的权威杂志《销售与市场》的高级编辑的约稿，当看到这封电子邮件时，杨大同有一种受宠若惊的感觉。对于这个杂志杨大同很熟悉，在他的职业生涯中，这个杂志陪伴他好多年，他和这本杂志还有一段小故事。

那是他刚入行时，嘴唇上还飘荡着细细的茸毛，偶然的一次机会，他看了《销售与市场》上的一篇文章，然后满世界去找那“四个 P”，没人能告诉他，也没人知道。因为他的伙伴和他一样，每天重复着同样的工作：跑店、陈列、搬货和收款。那个时候他们只知道把货送到，收到钱就万事大吉。杨大同比同伴有更高的追求，因为他一直认为自己有一天能当经理。他虽然看不懂老外的理论著作，但是他如此渴望学习，渴望升职，渴望过幸福的生活。于是在他职业生涯的很多年里，一直坚持阅读《销售与市场》，这是他梦寐以求的精神食粮。

购买这个杂志要花去杨大同一大部分的生活费，但他一直坚持着，没想到这一买就买了好多年。也许有人会笑着说：一本杂志能值几个钱，未免太夸张了吧？当时每天拿的是日薪，一天销完 10 箱货，可以得到保底的工资，一箱一元。除去了房租、餐费，每天还能节余 3 元钱左右，一月一期的杂志怎能不算是重大开支呢？

杨大同的业务包里总是比别人多一本杂志，一本影响中国营销的杂志，它帮助杨大同成长，它影响着他的职业生涯。十多年后的今天，杨大同仍然认为这本《销售与市场》杂志已经融入他们这一代的骨髓中，它是营销人生命里的一部分。

杨大同为何如此钟情这本杂志？因为他当时急于想知道“四个 P”是什么，于是跑了很多书店去查，问了很多别的公司的朋友，没人能够回答。杨大同好几次鼓起勇气，可最终就是不敢打这个电话，杂志的编辑会理睬一个终端销售员提的这样幼稚的问题吗？没有办法，最后杨大同还是试着拨通了杂志社的电话，编辑耐心地给他讲解了何为“4P”，虽然长途费花去了他当时一顿午饭钱，但他觉得很值得，知识是无价的。

后来在一次小组的研讨会上，杨大同大胆地发言，说起市场营销一套一套的。他的主管和同事一个个直瞪眼睛，他们非常崇拜杨大同，认为他很厉害，他们根本不知道杨大同一直坚持看《销售与市场》杂志，一直在偷偷地学习。就这样，杨大同当时的主管对他特别好，一有机会就给他安排很容易的活，剩下的时间干脆就把他留在公司聊天，聊市场营销。杨大同也非常清楚主管的意图，他的主管不止一次地问，什么是“四个 P”，可是杨大同就是不告诉他。终于有一天，主管实在耐不住了，非要杨大同说出“四个 P”究竟是什么意思，最后杨大同还是卖关子地告诉他的主管，知识就是财富，知识是有价的，主管以一碗牛肉面加双份牛肉的代价，获得了他想要的知识。

这就是杨大同和《销售与市场》杂志的故事，这个故事一直激励着他。

眼看离编辑结稿的时间越来越近，杨大同一直在思考如何完成这一篇文章。他非常想写，在他刚进入销售职业的时候，是这本杂志帮助他成长，而今天他觉得要把自己的思想展露出来，让更多的人也像自己当年一样受益，这是一件多么幸福的事。可是杨大同根本不会写作，满肚子的千言万语，一到动笔之时，立刻无从下手。他不停地推敲着自己的观点，心里暗暗地骂自己怎么这么笨，还差一点儿当上跨国公司的老总呢，对自己感到羞愧和失望。

在他几乎绝望之时，他拨通了这位约稿的高级编辑的手机，阐述了自己的观点。编辑连声称赞，认为是很新颖的观点，不过要立刻见到原稿。杨大同把自己的写作情况告诉了编辑，这位高级编辑给了他悉心的指导和鼓励，编辑连续向杨大同邮箱发了三个关于如何写出营销文章的写作技巧的文件。阅读完这三个文件，杨大同的思路越来越清晰。他整理了一下思路，开始动笔写这篇文章。时间已经很紧迫了，也就是收到写作技巧文件的第二天，他必须向这位高级编辑交稿，杨大同决定利用周末休息的时间通宵写出这篇文章。

可是，老天好像要和杨大同做对一样，就在他万事俱备之时，家里却又出事了。杨大同的孩子在周末的晚上一直高烧不退，当他带着孩子赶到医院时，医生先是大骂了杨大同一顿，孩子持续高烧会对大脑发育产生影响。孩子立刻被挂上了输液瓶，这一夜杨大同注定要和孩子在医院的急诊室里度过。

杨大同不停地抚摸着孩子的头，心里还一直惦记着如何给《销售与市场》杂志社写文章。急诊室的病床上，孩子输液后已明显有了好转，停止了哭闹，慢慢地合上双眼睡去。

身边的输液瓶还在“滴哒滴哒”地往下滴着，杨大同稍稍松了口气，他决定一边守护着孩子，一边写出这篇营销文章。急诊室除了病床、输液器具，没有任何可以用来写作的东西，由于匆匆忙忙赶到医院，杨大同终日不离手的笔记本电脑也丢在家中。想了半天，杨大同从孩子的病历上撕下了两页空白纸，趴在病床头，开始撰写他人生的第一篇营销文章《终端的点与面》。写着写着，杨大同的思路打开了，整个人的身心全部融进文章里，过去在火热的市场中拼搏的场景，像放电影一样，一幕一幕地展现在眼前。

忽然，护士一声大喊惊醒了杨大同：“喂，你这是做家长的吗？你是一个父亲吗？”

随着喊声，杨大同被人狠狠地踢了一脚，定神一看，只见护士一脸怒火，正在帮孩子换输液瓶。

杨大同小声说道：“真对不起，护士小姐，我刚才正在思考一个问题，忘记叫您换药了。”

护士小姐立刻回了杨大同一句：“你对不起的不是我，是你的孩子。万一出了事，你就后悔莫及了，你知道水都快滴完了吗？孩子的血管都回血了，我从来没见过像你这样当父亲的，如此不负责任，出了事算你的还是我的？”护士小姐的声音更大了。

杨大同这时低头看着熟睡的孩子，泪水悄悄地滑落下来，他背过身去，偷偷地抹去泪水，一个男人是不愿在一名女护士面前流泪的。杨大同对护士小姐深深地一鞠躬，含泪说道：“谢谢您，我对您的敬业表示感谢！”

孩子静静地躺在病床上熟睡着，输液瓶里的药物随着葡萄糖盐水缓缓地进入孩子的身体，高烧渐渐地退去。杨大同的文章几乎和输液同时完成。杨大同俯下身去，轻轻地吻了一下孩子的额头，孩子的体温已经和正常的体温差不多了。他把孩子放在被子外的手臂拿进了被窝，孩子很乖，一动不动地熟睡着。杨大同轻手轻脚地关上医院病房的门，他知道早上 8 点是编辑上班的时间，当编辑早晨打开电子邮箱时见不到自己的稿件，那么，一切的努力都会泡汤，所以他必须要发出去。他看了一下手表，凌晨三点。

医院是在市区，这是省城最好的医院，但是凌晨的时刻杨大同找不到一家打字复印的店铺能帮助他发出这封电子邮件。不远处有一个网吧，杨大同决定敲开这家网吧的门。城市里的网吧查得很严，未成年人上网和通宵营业都是不允许的。“喂，有人吗?”“咚咚咚”敲了半天，网吧的门才虚掩着开了一条小缝，透过这小缝，看到的是一双不大但很精神的眼睛。从这双警觉的眼神中杨大同看不出这人有丝毫的睡意，透过严严实实的厚窗帘，隐隐约约还能看到网吧里显示屏一闪一闪的。

杨大同笑了笑说道：“老板，别怕，我不是警察，不是来查夜的，我是需要发一封紧急的电子邮件，不好意思啊!”杨大同非常和气地跟网吧的老板说道，他想尽量缓和语气，不然深夜敲网吧门的，一般不会有杨大同这样三十多岁的人，除非是便衣警察。

网吧老板听完杨大同的话，还是有点不愿意开门，他懒洋洋地说道：“我们网吧一般晚上不开，你去别处吧。”说着就要关上门。

“喂!”这时杨大同有些着急，深更半夜的，找一个能上网的地方也不是太容易。“老板，老板，你听我说，我就打几个字，发一封

E-mail。”杨大同一边说着一边就挤入了网吧的门里，网吧老板很精明，他和杨大同对话时，透过门缝观察，的确也就是杨大同一人，所以就半推半就地让杨大同进了网吧。

深夜的网吧里面很热闹，不过上网的都是一张张很幼稚的脸。杨大同一看，大部分是17~18岁的学生模样，一个个都全神贯注地盯着电脑屏，屏幕上的画面全是最新最流行的网络游戏。大家一边玩着一边叫着，房子里烟雾弥漫。杨大同心想，这些孩子们怎么能受得了？他们的家长要是知道了，他们会怎么办啊？不过杨大同毕竟不是来管这些事的，虽然心里这样想，他也是无能为力，因为这是一个社会问题。

杨大同找了一台电脑坐下，迅速地开机，把写的密密麻麻的纸片上的文字往电脑上录入，不一会文章全部录入文档里，杨大同连发两次邮件，已确保编辑收到，并即时留了言。

网吧的老板终究是生意人，他暗中观察着杨大同的一举一动，感到这一封邮件一定是非同小可。当杨大同做完这些事时，网吧的老板异常客气起来，好像很关心地问杨大同：“朋友，你的事做完了吗?”杨大同点了点头，网吧老板向杨大同诉起苦来：“这年头钱很难赚，网吧竞争也很激烈，我都快做不下去了，有时就靠几个熟客包夜维持着。”

杨大同根本没有兴趣听老板唠叨，一转身对老板说道：“老板你直说了吧，我不喜欢拐弯抹角，多少钱?”

网吧老板听杨大同这样一说，立刻接着杨大同的话音：“50元!”

杨大同眼都没眨一下，从皮夹里抽出一张崭新的五十元票子，往网吧老板手里一塞：“老板，你真会做生意，不管怎么样都要谢谢你!”

网吧老板看到杨大同如此爽快，心里得意极了。他还想要和杨大同说些什么，只见杨大同已转身离开了网吧，并朝着网吧老板丢下了一句：“今天就算了，下次再碰到你，小心我砸了你的店！”杨大同这次是恶狠狠地一字一句吐出来的。

网吧老板一愣，但很快恢复了平静，冲着杨大同的背影叫到：“慢走啊，朋友！”手里却紧紧地攥着五十元钱，好像这五十元随时要飞走似的。

清晨，阳光明媚，杨大同的孩子通过医生的治疗，很快康复了，杨大同帮孩子办完出院手续已十点了。虽然满面倦意，可心情却如同阳光一样灿烂，抱着可爱的孩子，一步一跳地跑着、跳着、唱着……

手机响了，是约稿编辑打来的，“您好！杨大同先生，您的稿件如期收到，感谢您对我们杂志的支持，目前正在校对当中，还要审核，如果主编审核通过，能发表在我们杂志上的话，我会立刻通知您，希望您能继续写出更多更好的文章，让读者受益。还有一点需要提醒一下，您送来的稿件格式太乱，还有错别字，呵呵，当然不是说您的文字水平不行，我想说的是您太赶了一点，以后能细致一点就更好了。”

“好的、好的，知道、知道，谢谢、谢谢！”杨大同嘴里冒出一串叠词，搞得编辑在那头笑了起来：“哈哈，杨大同先生，您真节约啊，连说话的词都如此节省，好了，不多说了，再见，祝工作顺心。”

杨大同此时脑海闪出杂志的样子，居然会有自己的名字出现在这本杂志上，这是他做梦都不敢想的。

幸运来得如此之快，杨大同的第一篇文章很顺利地通过一审、二审、三审。在大学里发表一篇论文是很不容易的，更何况在知名的杂志上。谁都没想到，也就是发表了第一篇文章以后，杨大同的创作热情被极大地激发出来，一发不可收拾，接着又发表了好几篇文章，有名有利的事是很容易让人上瘾的。

通过发表文章，杨大同又一次改变了自己的职业人生。通过写作，杨大同把自己的工作实践结合理论知识展现给那些渴望学习的人们。他每天都在深夜写作，还收到许许多多来自互联网的朋友的来信，与他交流，他乐此不疲。就这样不知不觉中他度过了一天又一天。

尽管在学业快要结束时，杨大同的三门主课不太理想，可他这几年已经在国内几家财经杂志上发表了大量的营销文章，写下了近百万的文字。他在很多著名的营销管理类的网站建立了专栏，结合西方的观点加上自己对中国市场营销的深刻认识，撰写了很多篇观点新颖的营销管理文章，阐述了自己对中国市场营销的独特理解，并论述了如何将营销的理论转化为中国的中小企业实用的操作技能。一时好评如潮，被大家誉为营销专家。随之而来的会议、论坛和来自企业的邀请，让杨大同一时应接不暇。

同班的同学都非常崇拜杨大同，因为杨大同的年纪是全班最大的，很多同学都喜欢听杨大同说职场的故事。有一天，有一位同学对杨大同说："你有这样多的人生经历真让人羡慕，如果有一天你能写出一本书，让更多的年轻人看到该多好啊！"

杨大同笑了笑："真的有一天我写出了一本书，那不是变作家啦，我可从未想过。人的经历只是代表过去，不值一提，也没有任何值得炫耀的事，我只是一个普通的职业人而已，出书立传是名人和明星的事，我是不会凑这个热闹的，何况想凑也未必能凑上。"

第二节　再入职场，签约新公司

那是一个周末的下午，杨大同与往常一样，从学校回家，途中，一个陌生的声音在他的手机那端响起："您好，尊敬的杨大同先生，我是来自北京的猎头，我叫ROSE，从福斯特公司开始，我们一直都关注着您。听说您离开了福斯特公司，我们不知道是什么原因，但是我们非常关注您的职业发展，我们关注的是国内快消品的精英，请问您目前有没有考虑选择什么样的公司，请保留我的电话，也许对您的职业发展会有帮助的，再次感谢您的聆听。"

杨大同有生以来第一次接到猎头的电话，他将信将疑地把这件事情告诉了自己最信任的同学，同学听了非常高兴，觉得是杨大同的一次职业机会，强烈建议杨大同再次和猎头联系，把自己的情况告诉猎头，机会也许会出现的。

杨大同思考了一下，说到学校放假时再说吧，也就没把这事放在心上，一切照旧。杨大同继续他的大学校园生活，他坚信知识和技能不是别人给予的，而是需要通过不断地努力去获得的。

离开了福斯特公司以后，有很多公司邀请杨大同，但是杨大同深知，一旦再次踏入职场，必定又一次离开自己的家乡和亲爱的家人，那么离开福斯特集团的选择就毫无意义，甚至于是人生中最大的错误，所以杨大同拒绝了所有公司的邀请，包括世界500强的西北销售总裁这样诱人的职位。电子邮件里经常收到来自知名企业的邀请和顾问猎头的信件，杨大同总是偷偷地看上几眼，然后叹了一口气，默默地删除。

校园生活是非常惬意的，转眼间又要和母校说再见了。周围小自己好几岁的同学一部分远渡重洋，一部分进了跨国公司集团，进入不惑之年的杨大同感觉压力越来越大。

他拨通了他唯一保留的那个猎头的电话，猎头对杨大同的情况很熟悉，告诉他一个月之内等通知，并详细询问了杨大同目前的情况，他非常想做杨大同这个单子，因为他最少跟踪了他五年之久。从杨大同操作福斯特公司产品开始，猎头就开始关注研究杨大同操作市场的策略和技巧，在中国快消品这一行业中，福斯特的棒棒品牌成长是个奇迹，所以杨大同和棒棒品牌在中国食品行业中是一个传奇。

杨大同对职业的唯一要求就是不离开杨大同所在的家乡，这给猎头增加了很多难度。杨大同打给猎头电话十多天后，猎头回了电话，经过猎头不懈的努力，发现在杨大同的家乡，有一家房地产公司转行进入了快消品行业，正缺少一位销售总监。一个风和日丽的下午，杨大同和这家公司的总裁见面了，相互寒暄之后，大家立刻切入主题。

总裁对杨大同说：“杨先生您好，幸会，我有话直说，和我打交道的人都知道我的性格，我不喜欢拐弯抹角。我非常有诚意地邀请您加入我们公司，但有一个问题我不得不问您，你为何看重我们这个刚刚起步现在还不知名的公司？从您的简历和猎头的推荐来看，您是一位非常优秀的销售人才，我们公司目前的薪水不具备优势，但是我不反对销售人员拿高薪，看你有没有本事拿，但要正道赚钱！”

杨大同笑了笑站起身来：“总裁先生，很高兴见到您，看来我们有缘，我也是直性子的人，说实话，如果凭我现在的各方面条件，去世界500强的公司是很容易的，在中国所有的城市，特别是对我们做销售这个行业的人来说，找一份工作是很容易的，我们这种人才是紧缺的，也是到处受欢迎的。我们之所以能在这见面，只因为一个字'缘'，由于个人原因，我不能离开这个生我养我的地方。"

"为什么不能离开家？离开家出门打拼的人数以万计，这有什么不好，杨大同先生，您的眼光太短了一点，这可不像你的简历上所描述的啊。"

总裁说到这里，突然发现杨大同的脸色有点不太对，这时总裁立刻停顿下来，杨大同的嘴巴微张，有点欲言又止，不过久经沙场的杨大同很快恢复了自然。他从上衣口袋拿出了一支笔，在手心下写出了几个字："为了妈妈！"

总裁马上明白了，站了起来，握住杨大同的手："杨先生您能看得起我们这样的公司我们深感幸运，欢迎您的加入，我们签约吧。"总裁拿出了人事合同递给了杨大同。

杨大同快速草草地看了一遍，在最后的附加条件的一栏里加上了一条：由于本人个人原因，不能完全保证长时间频繁出差。

总裁看到杨大同添的这一条款，默许地点点头说道："公司刚开始起步，也不需要长时间出差，可以的，就这样。"

杨大同顺利地加入了家乡的这家饮料公司，当杨大同签完字递给总裁时，杨大同的手机里收到了一条来自猎头的短信："恭喜您，杨大同先生，预祝您工作顺心，大展宏图。"

出于礼貌，杨大同回复了一句："谢谢！"

第三节 职场政治，南北竞争

杨大同的加盟似乎给这家从房地产转行到饮料行业的公司注入了一针兴奋剂。杨大同上任的第一天，公司在当地报纸上的整版广告也换了广告词，“著名职业经理人杨大同先生加盟”，竟然放在广告的最上面，整个公司对杨大同的到来，看上去都是很欢迎的，因为杨大同是总裁直接引进的。

杨大同上班的第一天，发现情况和总裁当时说的有点不太一样。这家公司虽然刚刚成立，但“麻雀虽小，五脏俱全”，不但有销售总监，还有市场总监、培训经理、大区经理、大区主管等，应有尽有。

杨大同再一次敲开总裁办公室的门。“您好，总裁先生，今天我第一天上班，可是我发现公司现在的情况和我们见面时谈的不太一样。”

总裁先是一愣，马上笑了起来，说道：“啊，杨先生，您先别急，先坐下，我们慢慢谈一下。”

总裁办公室的沙发挺软，一坐下要站起来还真有点费劲，杨大同也就半推半就地听着总裁说了起来，看来现在说的才是真实的东西。

原来公司的销售一开始非常火，但市场费用一直下不来，而且公司一直在不停地促销，就像人吸大麻一样，不能停。公司稍微减少一下促销，立刻销量下滑，这个情况让总裁非常头疼。公司的市场费用和销售已经出现了严重的倒挂，老板着急了，他决定立刻引进杨大同，帮助他一起渡过公司难关，一起发展。

这时，杨大同完全明白了，虽然他的加入是要做销售总监的位置，但需要他拿出销售业绩来抢这个位置。并且总裁承诺，一旦杨大同上任销售总监，楼下的马自达轿车奖励给他。

杨大同此时有点进退两难，如果当时总裁直接这样谈，说不定杨大同不会加入，不过既然来了，自己是个销售人，也没什么说的，先把市场做起来，再说话也未尝不可。杨大同决定留下来抢这个位置，销售从来就是个刺激的活。

一个月下来，杨大同才知道，原来，老板刚刚投资了一条食品生产线，对食品销售是门外汉，急于招兵买马的他碰到了方君。方是食品行业的熟手，很快帮助企业架设起销售网络，让企业的产品迅速走上销售轨道。企业要进入发展时期，一定需要大量的人才队伍。方君向老板引见了朋友袁、同学常和高。当公司的销售总经理是方，市场总监是袁，驻外开发市场经理是常，销售人员培训经理是高时，老板明白了方君的意图。不过老板胸有成竹，你们都是为我打工，还怕你们翻我的船？用谁都是用，只要你们为我卖命，谁都一样用。没有业绩，休怪我无情无义。

公司一开始完全按照老板的战略部署，方君操盘，一步一步地往前走。半年过后，老板有一丝不祥的预感，整个公司的运作已慢慢变得和他想象的不一样，而方君已经可以在公司呼风唤雨了。所有的执行，只要是方总的决定，就可完成得非常到位，反之，就执行不下，方君的话语甚至于可以取代公司的规章制度。

为了让杨大同和方君的团队斗争，老板故意增设市场企划销售部，让杨大同任经理，与销售总监平级，直接由董事长领导。杨大同和方总团队的战争从此拉开了序幕。

方总也是出身名门，在多家知名的企业任过职，一进公司就按照他们团队原有的市场战略计划进行营销，大手笔、大开发、大刀阔斧地干市场。他们是行业熟手，这样一做，企业的营销战线一拉开，市场越大，向老板逼宫的筹码就越多。所以方君的团队前三个月节节胜利，越是胜利，老板的心里就越不安。

杨大同经过短暂的了解，已非常清楚方君的意图。为了向公司和老板有个交代，他决定挑战方君的团队。其实这是面子上的，杨大同心里最想证明的是通过三年重返校园的积累，自己变得更强了，他要证明自己的营销思想。

眼看旺季就要到了，方君的一份市场报告摆在了老板的桌前。老板把杨大同叫进了办公室，对杨大同说道："依你看这样的操作可行性多大，为什么？我要明确的，不要含糊不清的解释。"

杨大同接过这份市场报告看了看，这是一份方君团队逼宫老板的计划书，要求公司全线启动全国市场，并在各地方台插播黄金时间的广告，总体预算广告费支出 2000 万元以上，按行业提成的潜规则，方君的团队最少也要赚走 200 万元。这是行业团队的雕虫小技，杨大同一眼就看穿了。杨大同心想，老板绝对是个精明人，他是在试探自己，于是杨大同一不做二不休，把自己的看法和盘托出。

老板听完没有任何表示，只说了句明天开全体高管会议。

会议由总裁主持，大致是强调公司本年度的战略计划，既没有肯定方总的大战略、大前进、大开发，也没赞成杨大同的区域样板市场为主的快速复制。总裁希望大家把自己的计划拿出来讨论，这样如能达成共识，那么工作也能更好地进行。总裁笑着说道："方总，你先来，你是元老啊。"

方总站起身，向大家畅谈了公司的未来，并列举了大量国际巨头的大战略在中国市场如何胜利的例子，一再强调产品销售要由广告开道。方总说：K产品是国际著名产品，他们进入中国市场直接投放了半年的广告，在广告投放时才开始建工厂，而他们在中国市场上的产品还没有制造出来，它的品牌名字已家喻户晓。品牌的根已深深地扎在消费者心灵深处，不可动摇。产品一上市，全线开花又结果，上演了一出中国式的销售神话。产品经常断货，供不应求，是我们的榜样。方总又列举了B产品"广告+促销+大招商"的案例，指出B产品一天在产品订货会上签下2亿元的单子，说得总裁瞪着双眼，期盼的眼神一闪一闪，最后，方总拉长了语气说出了几个字来结束，杨大同清楚地听到方总从嘴里说出：杨——经——理——你——看——呢？这几个字间隔得很长，语气很重，而且方总故意全是用降调。

杨大同心想，你的葫芦里卖的什么药我清楚。杨大同从皮包里拿出了一份市场调查报告，不紧不忙地看了四周一眼，向会议在座的各位述说了区域市场如何运作的问题，报告中始终要求公司量力而行，从最小的点、从薄弱环节抓起。

不过杨大同的报告还没说完，市场总监袁第一个打断了杨大同的话："杨经理，从你的市场操作思维来看，你不像从大公司出来的，大公司的操作手法都是高举高打，以你的观点做市场，我们大家可能做到退休还没走出省内市场啊，呵呵。"

紧跟着常也开了腔："杨先生，我同意方总的观点，市场是砸出来的，是拼出来的，是弟兄们日日夜夜干出来的。你算来算去，怎么也算不出你的那个小圈子，可能你是在批发部待长了，几箱几箱出货是操作的惯性思维。我是个直性子，老板叫你来，从你的讲话来看，充其量做个终端直销经理。"

会议厅里的大部分人听了杨大同的计划都表示反对，方总的脸上暗暗滑过一丝微笑。

杨大同停了下来，他不想和大家争辩，因为他知道，他们基本上都是方总的人，当然会反对。杨大同把报告往总裁手里一放说："总裁，整个公司的运作看来只有你能决定了，你就看着办吧。"

杨大同把球踢给了老板，这时总裁身边的方总直了下腰，想去拿杨大同的那份市场报告，不过老板的动作很快，顺手就拿在了手里，说道："你们的报告我先看一下，一小时后接着开会。"起身出门进了自己的办公室。

老板一走，整个会议室里立刻热闹起来，气氛很活跃。袁和常两人拍着方总的肩膀笑呵呵地讲前天晚上如何和客人斗酒打牌。

只见袁很得意地对方总说："方总啊，你不应当先上啊，我一个人的酒量喝他们三个没问题，不过他们三个倒下，我也差不多了，呵呵，这叫同归于尽。"

常也跟着起劲："老方啊，前天你上得太急，我们和他们只拼了个平手，你要在最后杀出，保准我们能把他们喝爬下。"

方总眯着眼笑道："都是自家兄弟，谁喝倒谁都不好，呵呵，所以我先上，来控制个大局。平手好，平手好，大家都不失面子，不失态最好。”

方总一边和他们说着，一边朝杨大同这边望了一眼，对杨大同说道：“杨先生，下次有空我们一起聚聚，大家都是一个公司的同事，一回生，二回熟，不知杨先生酒量如何，哪天找个时间大家互相学习一下，取长补短嘛。”

杨大同笑了笑，摆摆手：“我不会喝酒，喝茶还行。”

袁一听杨大同这样说，也一下跑过来，坐在杨大同身边说道：“杨先生真人不露相啊，杨经理你还没来公司，老板就给我们介绍你了，跨国公司的销售高手，能不会喝酒，怕是要留一手吧。行业里的流行语想必杨先生不会不知道吧，酒量多大销量多大，销量是喝出来的，这是咱们公司的关键词啊。”

方总的几个人一会儿称杨经理，一会儿杨先生，谁都不去提一个“总”字。杨大同心里已经明白，加“总”这个字，是要靠自己拼、靠自己抢的，他想：老板真是用心良苦啊，“鹬蚌相争，渔翁得利”，老板是最大的赢家。

一小时后，老板准时回到会议室，一脸笑容，看起来好像很高兴的样子。杨大同心里琢磨着，老板到底葫芦里卖的什么药？这个时候哪来的高兴心情，莫非老板真的有胜算的高超手段。杨大同急于想知道。

老板两方全不得罪，都充分地肯定了方案，希望大家取长补短，相互合作，共同把市场做起来。

但是方总一再坚持扩大市场，并得到了更多人的支持，方总最后和几个总监以全体辞职来要挟老板。

最后，公司决定以长江为界，做南北市场。北方由方总做大市场招商，并先审批了200万元的广告费投放市场。长江以南由杨大同带领，采取精耕细作的方式启动市场。南北两方进行竞赛，两地销售高者公司重奖，除了相应的丰厚奖金之外，另外把公司一辆全进口的马自达汽车作为物质奖励，以10个月为期限。原先公司的销售团队全部开赴北方，而南方的地区由杨大同重新组建团队，网络的构建要重新开始部署。一个全新的市场，对杨大同充满着刺激和挑战。

第四节　招兵买马，精耕细作

杨大同从公司出来，一路回想着今天会议的过程，心里有些失落。市场情况明明白白，老板为何这样做？方总他们在会上向老板逼宫，难道老板心里不清楚吗？老板为何要两个市场比赛呢？老板为何增设一个独立重叠的部门呢？一连串的问号在杨大同脑海里闪过。考虑了很久，杨大同决定和方总的团队较量较量，毕竟提成的诱惑还是挺吸引人的。

杨大同把原先的部下情况梳理了一遍，然后挨个通了电话，他希望原来的团队能帮他搭起这个平台，帮他撑起这片市场。一圈电话打完，杨大同有点失望，几乎所有的回答像商量好的一样，这是杨大同无论如何没想到的。因为杨大同家乡的这个城市没人要来，他们都说这公司平台太小，如果帮忙可以，但是加入有困难。他们的回答也让杨大同有了清醒的认识，现在就是一个人在战斗。不过自己亲手带的团队已经成长，他们在市场都能独当一面了，想到这杨大同有些欣慰，深深地吸了口气，自言自语说：“的确也难为我这帮弟兄朋友了，希望每个人都有好的出路。”

周末的人才市场大厅里，有一家公司一连几个星期都在招人，但是来这家公司应聘的人寥寥无几，这是一个非常奇怪的现象。因为一般公司招聘展台前都是人山人海，招一两个职位会有几十甚至几百人投简历。这是为什么呢？

原来这家公司是杨大同刚加入的公司，而招聘的主考官就是杨大同。招聘展台上只有几个大字：终端直销员。刚开始几天还有个别刚出校门的学生模样的人来问问，当他们听完杨大同介绍的具体工作内容后，一个个逃之夭夭。杨大同有点生气，现在的年轻人真是好高骛远，自己一点工作经验都没有，还挑三拣四，终端销售员有什么不好，有多少快速消费品行业的经理人不都是从最底层一步一步干上来的。

想归想，讲归讲，杨大同心里也很着急，人家是找工作难，自己要把工作送给别人，还送不掉。真是的，这世界到底怎么了？为何老要和自己过不去？

一天的下午，杨大同终于招到了一名销售员，那是在人才市场快要结束，杨大同要收摊的时候，来了一个年轻人，这个年轻人 20 岁刚出头，个子不高，相貌平平，一身衣服也是皱巴巴的。刚开始他来到杨大同的招聘桌前，杨大同连眼角都没扫他一眼，年轻人站了 10 多分钟，从嘴巴里挤出了几个字："先生您好，您这里要人吗？"

杨大同正在整理一些简历，那可不是求职人投的，那是周围几家公司招满人后，又有很多人来应聘，收了一大堆简历，人事主管不愿意拿走，杨大同想看看是否能从中挑选几个，碰碰运气。

杨大同先一愣，然后看了看这个年轻人说道："我们公司是要人，但是不知道你是不是合适，你先把你的简历拿来给我看看吧。"

"我没有简历。"这句话声音更小。如果不是周围的招聘公司都散了，杨大同根本听不到。连简历都没有你找什么工作？杨大同第一次碰到这样唐突的求职人。

“我们公司不可能招没有简历的人，你没有简历是找不到工作的，小伙子你要想找工作的话，先做一份个人简历吧，祝你好运！”杨大同从椅子上站了起来，拎着包就准备离开。

这个年轻人一看杨大同要走，一下子急了，他上前一步，拦住了杨大同，这时的说话声大了起来，最少也比刚才要高几十分贝：“先生，我要应聘你们的销售员。”

“我跟你说过了，我们公司不招什么都没有的全无人员，对不起，你到别处去看看吧。”杨大同身子一转，快步走到了门口，他不想再和这个冒失的年轻人说话了。

年轻人紧紧地追着杨大同，好像怕杨大同像小鸟一样飞走似的，他张开手臂跳到杨大同面前。

这一下把杨大同弄得有点火，本来最近为组建销售团队的事情，杨大同就一直很郁闷，这下可好，碰到一个死缠烂打的。杨大同一把推开年轻人，径直往公司车停的地方走去。

可能是杨大同用力过猛，竟然把这个年轻人一下子推坐在地上。眼看杨大同就要上车，年轻人估计也追不上了，他对着杨大同喊了起来：“先生您给我一分钟，说不定我就是你找的销售人。”

杨大同这时左脚已跨入车门，听到这话，杨大同的右脚像被钉子钉在地上一样，怎么都迈不动了。杨大同干脆收回跨入车门的左脚，回过头，冲着年轻人说：“凭你这股劲和这样的勇气，我给你两分钟。”

听到这话，这个其貌不扬的年轻人一下子从原来跌坐的地上呼得像一个弹簧一样弹了起来。“先生你们招的终端直销员我不知道我行不行，但我知道做销售就两个字，执着。”

杨大同一听感兴趣了，这两字正说到了杨大同心里。杨大同的脑海里顿时回想起自己年轻时找工作的情景，靠的不也是这两个字吗？他细细地看了看这个年轻人，虽然人有点落魄，但是的确很执着。

杨大同从包里抽出一份员工登记表递给了这个年轻人，然后说道：“你得到这份工作也只有两个字：执着。明天填好表，送到我们公司。”杨大同跳上了公司的汽车，随车离开了。

年轻人望着远去的杨大同，深深地说了句：“谢谢!”拿着这份表眼里的泪水夺眶而出，这是他一生中的第一次工作，他得到了。

第二天，杨大同在公司的办公室里见到了这位年轻人。看着这份简历，杨大同心里有说不出的滋味。除了名字、性别之外，这个小伙子基本上什么都没填，仅仅在登记表中的“曾在何时何地从事过何种职业”一栏里，写下了一行小字：曾在老家卖过白菜，会骑人力三轮车，搞得杨大同哭笑不得。的确，杨大同招的终端销售团队是要求会骑三轮车，可对于销售饮料产品，这年轻人肯定是一无所知。不过杨大同又一想，先跟他谈谈再决定要不要，一张白纸也许更能画画。如果这个年轻人不合适做销售，反正公司也缺搬运工，从找工作来看，他还是有股韧劲的。

杨大同用手一指，对着这个年轻人说道：“你，过来，到我办公室来。”

这个年轻小伙子进了杨大同的办公室，一进门就滔滔不绝地讲了起来，很老到。要不看他的简历光凭他介绍，谁都不相信他没有工作过。

杨大同开门见山：“我们公司刚起步，条件一般，而且终端直销很辛苦，你能做下来吗？一天要见很多客户，还要把他们搞定，你行吗？”

年轻人一点都不停顿，回答道：“行，我能行！”

“我们公司是要看实际销售业绩的，光靠嘴巴上说是不行的。如果你感到有什么不满意的话，也可以说出来，请你自己考虑好。”

“先生，我能站在你的办公室里和你说话，不是已经证明我的能力了吗？你们公司招聘条件上不是明明写着要有实际操作经验的销售人才吗？经理先生，您说我能行吗？”没想到这个年轻人居然反问杨大同。

此刻，杨大同的疑虑基本上被这几句反问消除了，杨大同没说话，点了点头，向他做了个手势。这个年轻人很精明，他立刻理解了杨大同的手势，把身份证的复印件和原件一起交给了杨大同。杨大同登记好他的个人资料，和这个年轻人签下了任职合同。

万事开头难，第一个人招到以后，接下来好像很顺利，没几天，十多个终端销售员全部招到。虽然层次各异，但是杨大同心中还是比较有数的，他们都不超过22岁，不但体力充沛，而且个个都是可以重新塑造的。有趣的是招的人全是男性，当他们全部来到公司接受培训的第一天，还差一点把老板给吓着，以为这么多小伙子是来找公司的茬呢。

杨大同经历了上家公司以后，对这些年轻人的培训非常在行，先领着小伙子们跑步唱歌，环城骑车，把个人的职业工作情绪调到了最高。每天这些小伙子都是一脸欢笑。一个星期很快过去了，杨大同的南方终端战开始了……

在这场营销战中，杨大同遇到了很多的问题，他总结并整理了出来，并找出解决问题的办法，让他的业务人员加强学习，提高工作绩效，具体内容如下：

销售员每天跑街扫店，大部分的时间并没有真正地有效利用，很多销售员感到还可以做得更好，还可以每天多开发几个终端客户，多销售一些产品。可是销售员发现自己每天都被一些意想不到的鸡毛蒜皮小事所困扰，所以十分闹心。有时半路自行车的轮胎被扎破，要花很长时间修理；有时把带的产品全销了再跑回办事处拿货，一来一回又来不及；有时为等一个小店老板，站在门口一等一个多小时，老板好不容易等到，可又让他下回再来看看；打开客户表不是发现已填完，就是笔不知道弄到哪里去了。每天真正的工作时间还不到三分之一，所以很多人很不开心，感到憋得慌，浑身有劲无处使，十分着急。

快速消费品的终端销售工作是一个细化、动态的营销活动，很多的企业进行终端销售最大的困惑是终端销售工作非常难管理。虽然有强硬的数据化考核，但是终端销售是一个自律性要求很高的职业，尽管他们在企业销售人员中地位不是很高，文化程度也不是很高，甚至薪金也不太高，但对他们的要求主要是个人的主动性与积极性，这些是不能只用数字来衡量的！总不能每个终端销售员后面跟一个经理吧。

很多企业对终端销售员的培训都是如何搞定小店的老板、如何发挥技巧、如何填写客户表。即使培训出来的终端销售人员个个身怀绝技，但不会有效地合理利用时间，不会在动态的活动中变通，他们个个也就难以施展拳脚了。

杨大同曾遇见过一位终端销售员，他不但有很强的事业心，而且最为重要的是他在自己的工作中善于发现、善于动脑。有一件事给杨大同留下了非常深刻的印象。他所在的公司销售休闲食品，由于膨化类食品这类产品重量轻，体积大，一般在自行车上用绳子捆个三四箱，就摇摇晃晃的了，骑起自行车来也不是十分便利，销售量因此也受限制。可这位小伙每天清晨都从公司领10箱货，每月的销售第一名也非他莫属。

杨大同注意到这位小伙子每天来上班带一根1米多长的棍子，皮带上别了一个小包，包里有老虎钳、刀子、铁丝等物，他准备这些东西是做什么用的呢？后来终于发现，他每次领完货，把这根棍子横放在自行车的后架上，然后下面先码放四箱货，再上面码三箱，再上面码两箱，最上面一箱，然后把最下面一层的纸箱，每一个用刀子挖个窟窿，再用绳子一个一个穿好，然后往上来回拉紧形成了一个稳定的三角形。这样他骑上自行车一溜烟地跑也没问题了。

这种方法在其他的几个地区的终端销售中被广泛运用。这位业务员因为他的主动思考，找到解决问题的办法，为公司提高了销量，还受到公司嘉奖。机会永远是先光顾那些喜欢动脑子的人。

要想成为一名优秀的快销品终端销售人才，杨大同认为必须要具备以下几个方面：

第一，以积极的心态去做事。

在中国现阶段，销售人员仍然是紧缺的，这当然指的是优秀的人才。何为优秀？就是在不同岗位上对所做的营销工作不断进行发现、探索和研究。

有人说，营销人入门容易出师难。尤其是对快销品的终端销售员来说，做这一行一般入门不是很难。但是杨大同发现很多企业在操作终端时，经常为招人感到困惑。俗话说：三百六十行，行行出状元。作为一名快销品的从业者，一定要有积极的心态去做事。

杨大同有几位好友现在在此行业做到大区经理，甚至于销售总监，无一不是从终端销售员做起的，包括杨大同。刚入门时，做终端业务员对今后职业发展影响很深，能学习和发现许多理论知识以外的宝贵的市场经验。营销人在一起交流时，都会回想起当初不知骑坏了多少辆自行车。随着市场竞争的激烈，现在很多中小企业的老板亲临终端的现象已屡见不鲜了。因此可以这么说，终端销售是快销品人入职的第一课。

第二，赢在出发前。

由于现阶段快消品众多厂家直击终端，竞争非常残酷。如今的市场就是胜者为王。营销人都知道，销售执行力是何等重要！而在做终端销售工作时，一般的企业都会有较详细的市场计划，覆盖多少个点，招多少人，预计出多少货都很清楚。但往往会忽略，也很难发现具体执行中的问题，因为这是个动态的工作程序。

有人说营销无定式，杨大同不是很赞成，因为对任何一个行业进行细化的专业研究，就会发现有许多惊人的相似之处。那么，在进行终端销售工作时，要懂得总结和研究别的厂家在具体工作中的执行问题，有效地制定一个适合自己企业终端销售工作随时发现问题、解决问题的系统，这样我们才会将终端销售计划执行到位，赢在出发前。

第三，赢在执行中。

终端的销售，万变不离其宗：拜访——陈列——出货——收款。合理有效地利用时间，才能使工作做得更好。

上面提到销售人员为等一个客户等了一个多小时，显然这是不正确的工作方式，应当合理安排，才能使工作顺利开展。

拜访：销售人员去拜访客户一定要选择适当的时间，有效地利用时间，这样才能提高效率。一般来说，销售员去拜访小店的客户，时间最好不要选择清晨一开门和傍晚下班后，而应该在终端老板较空闲时，特别是心情高兴之时来进行产品的销售，这样成功率会很高。

陈列：在产品进行终端陈列时，不但要做好自己的产品陈列，让它出现在最佳的位置，还要关注一下竞品的位置，适时对它进行调整。这样不但提高自己产品在终端的展示，还可以打击对手。当然及时的更新POP招贴也不能忽视，它是吸引消费者眼球的重要武器。

出货：作为终端的销售人员来说，最高兴的是小店老板接收了产品。但是一定要注意，当把自己的产品放到老板的店中时，一定要堆放得整整齐齐，这样更能让人信服你来自优秀的公司，带来的是很好的产品，还可说明你自己也是一位踏实工作的销售员。

杨大同见过终端销售员在老板要货时兴高采烈，连忙把钱一收，把货随便一堆，就跑掉了。老板要自己整理货，脸色很难看，嘴里还不停嘀咕。想必这位销售员下次再来时，再好说话的老板可能都会给出拒绝要货的很好理由了。

收款：终端的销售一般来说都是小额的现金交易，销售员要细心地清点货款。杨大同十分强调一点，那就是清点完现金，要把它理清整齐，百元、十元和零散硬币分别归类，这样回到公司交款也十分清楚。有些终端业务人员，一星期要赔好几百元给公司，就因为他做事很乱，整天业务包里杂物一堆，这样对自己今后的发展会有影响，条理清晰是每个终端业务人员必须具备的。

第四，赢在执行后。

作为一名优秀终端销售人才，他应该在工作之余积极努力地学习，而不是每天重复着单调且极具压力的工作之后没有人生的目标。如果二十岁做终端销售工作，三十岁、四十岁还在做，可能已远远不如年轻的小伙子体力充沛了。多一分思考，就多赢得一分先机。

一位某快销品公司的销售总经理，他就是终端业务员出身。当人们问他成长的秘诀时，他非常骄傲地说："我当时和大家一起做终端销售员时，业务包里比别人多两样东西，一个是营销管理书籍，一个是《销售与市场》杂志。学习是营销人成长的阶梯。"

时间飞快，转眼之间两个月过去了。总裁再次通知杨大同和方总的团队，召开阶段性销售工作会议。杨大同请求推迟一些时间，但是方总的团队高管已提前回到了公司，没等总裁答复杨大同，开会的人马就已到齐，这会议也不得不开了。

第五节 功成名就，再次离职

公司的会议室里，人还没有全到齐，方总就开始向大家汇报北方的销售战绩了。方总手里拿着一沓销售表格，情绪很好，北方市场在强有力的广告轰炸下，已胜利销售2万箱产品。其他的几个总监也点头称赞，为北方团队鼓掌喝彩。方总环顾了一下四周，发现老板刚刚进来，他又重复了一遍刚才所讲的话，希望得到老板的赞赏。

老板听完后，好像脸上没有明显的高兴表情，方总又赶忙向他递上了一份要求公司增大北方市场广告投入的计划书，并对老板承诺，如果按照这样的计划，公司今后将有一个飞跃式发展。

老板并没有急着看计划书，而是示意杨大同发言，讲一讲南方市场的通路精耕的经验。

杨大同详细地讲解了南方团队的销售过程，并指出现在公司承受不起巨额广告费用的种种原因。

方总打断了杨大同的发言，主张公司向银行贷款，继续广告投入。

一时间会议室里争执得很厉害。

老板终于发话了，他一手拿着方总的计划书，一手拿着公司财务的分析报告。从整个公司南北团队的运作来看，南方团队的操作是符合公司发展要求的，所以，决定按杨大同的方法复制市场，稳扎稳打。

方总、袁总、常总再一次请求辞职，如果公司不投入，他们将一起走。老板却一反常态，笑着在他们的辞职报告上签上了“同意”二字。方总团队怎么也没想到老板会签字。原先有过这样的事，都是老板妥协，听从了方总团队的决定，而这一次例外了。

老板同时拿出一份提升杨大同为销售总经理的任命书，并加盖了鲜红的公司大印。

临别之时，老板拉住了方总：“小伙子，到哪里做都别想和老板斗，老板是斗争的高手，公司政治你们比我差远了，你们一来，我就知道你们想干什么，我不和你们计较，只想让你们好好干。可是，你们记得吗？你们逼我做50万元的电视广告，我虽然做了，但你们突破了我最后的底线，因为那次的电视广告是有回扣的。所以，我不得已引进了你们的竞争对手，也就是杨大同。当你们一决雌雄时，我这个老渔夫坐收渔利啊，哈哈哈。”

老板正在得意之时，杨大同听到了这番话，他没有接受销售总经理的任命，也没有拿停在楼下很久的马自达小轿车，而是交给了老板一封感谢信。感谢老板给他工作的机会，感谢让他操盘了半个中国。尽管老板一再挽留，并加大奖励，他还是走了。因为在这位老板那里，杨大同不知何时会突破他的那条底线。方总的命运，说不定哪天又会轮到他自己。三十多岁的杨大同，让人当了公司政治职场上的一颗子弹，最后他还是选择离开。

尾　声

营销人的归宿

杨大同离开这家饮料公司的第二天，一辆雷克萨斯停在他家的楼下，一个和杨大同年纪相仿的中年人敲开了杨大同的家门。

杨大同对这位不速之客不甚了解，可是来的这位对杨大同所有的职业经历了如指掌。他告诉杨大同，他在报纸和杂志上看到杨大同发表的文章，后来在网上搜索了更多关于杨大同的信息，这次是特地赶来看望杨大同的。

听客人这么一说，杨大同突然腼腆起来，很不好意思地说道："没想到还会有人关注我，我不过是对销售中的一些现象粗略地分析一下，并没有什么特别的地方，我是一名普通的销售人，先生不用如此夸奖。"

这位客人观察起杨大同，左看看右看看，看上去非常高兴，他说："太好了，我看你的文章好几年了，今天见到你的人了，平时我最多只能看到你的文章，哈哈，太好了、太好了。"客人一再坚持要请杨大同喝杯咖啡，聊一聊天。

杨大同说："有朋自远方来，当然我来请你，这是规矩，不然的话我们没啥聊的。"

这位客人急了，他大声地对杨大同说："我们之间不用客气，告诉你，我是老板，我有钱!"边说边从衣袋往外掏钱包，想向杨大同证明他的诚意。

杨大同看到他非常执着，也就没再谦让，坐着雷克萨斯和这位远道而来的客人一起去了一家当地最有名的酒吧。

酒吧很安静，这位客人向杨大同介绍了自己。他大学毕业以后，一直在外企工作了近10年，和杨大同一样，因为家庭原因，年老的父母都超过了70岁高龄，所以放弃了职业生涯。

类似的人生经历使两人一下子拉近了距离，根本不像是刚认识的朋友。两人推心置腹地交流着，让人觉得他们最少也有10年以上的交情了。

时间在不知不觉中过去，这位开雷克萨斯的老板向杨大同提出了真诚的邀请。他从跨国公司出来，在苏南老家进行创业，公司从开始的一个人，短短的三年时间已经发展到300人，目前公司是苏南最大的企业管理顾问公司。

他希望杨大同与他合作，因为他不但认同杨大同的营销思想，最为关键的是，他欣赏杨大同这种专业、执着的精神。虽然杨大同对企业管理咨询服务这个行业是陌生的，但是他相信杨大同的能力，相信他在这行业一定会做得非常出色。与杨大同交流过后，他完全明白杨大同是一个有底蕴的人。

在杨大同送别这位朋友时，他对杨大同说了几句话，一直影响着杨大同。他说做营销的最终归宿有几种：有的人自己创业做老板；有的做顾问，写一写营销文章，出一些书籍，参加一些论坛会议；也有的做培训中心的培训师；还有深造后继续做终身职业经理人。但是一名出色的营销人一定是会讲课的，因为营销是一个传播和展示的过程，你这一点做不好，就永远成不了优秀的营销人。他告诉杨大同一定要学会讲课，并要讲得好，因为他相信杨大同天生就是营销的料。

和这位老板的短暂交流给杨大同留下了深刻的印象。别人就是一面镜子，同样的外企经历，但是看到别人如此成功，这深深地触动了杨大同，他不停地思考着自己的人生，思考如何将经验与知识转化为财富。

他决定静下心来，开始人生中的又一次奋斗之旅了。

杨大同修订了人生的计划：一年的时间，站在众人面前展示自己的才华。这是一个急速提高的过程，要排除一切干扰和诱惑。

365天是漫长而又短暂的，这期间他每一天几乎都在做同样的一件事，他不断地想如何提高自己的语言表达能力，他不停地和周围熟悉的人交流，与别人一起分享他的销售故事。而且他还到有很多人的场合与人沟通，不断地锻炼自己的语言表达力；去听各种各样的培训会，去收看各种各样的演讲课程，对着衣镜不断地修正自己的肢体动作。他心里清楚，任何事情只有专注和执着才能有所成就。

成功属于有准备的人，就在杨大同迷茫之时，一个国内大学院长的邀请，使杨大同正式登上了人生的讲台。

秋季是个迷人的季节，当杨大同第一次站上大学讲台时，他很震撼。这是一个可以容纳近300人的大阶梯教室，下面黑压压一片，杨大同一直不敢往下面看。不久前自己在大学里还是一个“高龄学生”，一转眼变成了老师，这一切来得太快，快得让杨大同难以适应。

站上了神圣的讲台，由于杨大同不是科班出身，准确地说他仅仅是一个基层最普通的销售人员，8000万营销人中的一份子，他深感责任重大。因为讲台下面是一双双对知识渴望的眼睛，每从嘴里吐出一个字，都必须严谨、生动，他把这里当作人生最大的舞台……

在开雷克萨斯的老板的管理顾问公司网站上，核心团队人员一栏也加上了杨大同的名字。杨大同又穿上了久违的西装，奔波在全国各地，不过现在的他和原来的他已大不一样，掌声与鲜花时时陪伴着他，因为他又一次站在人生的巅峰，永不放弃，永远向上！

职业的磨炼和知识与阅历的积累，使杨大同对中国市场营销的认识不断加深，经过探索和研究，逐步形成了自己的一套独特的理论。他把在福斯特公司进行市场运作的三角形理论撰写成文，这是国内第一个提出在区域市场进行三角形设计的理论。

每一次站在演讲台上，他从未提过自己跨国公司的背景和高层销售管理人员的经历，他时时地告诫自己：踩在脚下这片踏实的土地上，我就是一名销售人。

杨大同在中国最知名的营销网站开设专栏，在门户网站撰写博客，微博、微信论坛，处处都留下杨大同营销的身影。

他受到了国内各地企业家的追捧，他的营销思想传播到了太平洋的彼岸。

他和千千万万的销售人一样，正走在销售人的人生路上。

图书导读

为了帮助读者更快、更方便地找到自己需要的书，让书发挥最大价值，我们精心制作了这份导读，希望对大家有所帮助！

博瑞森的书，最适合谁来读？

经营者（老板、总经理、董事长、企业家、合伙人、厂长等）和**管理者**（企业高层、中层和部分基层管理者）以及企业的**骨干员工**（思考如何为企业创造更大的价值），你就是我们的读者，共同的战友！

因为我们相信，你就是影响企业发展大局的关键人物，影响你，帮助你，和你共同学习成长，就是和中国企业一起成长！

博瑞森的书，最大特点？

我们坚持“企业阅读，本土实践”的出版理念，要对企业实践产生实实在在的作用。

“本土”——理论和思想可以来自古今中外，但一定要适应本土；

“实战”——作者都是从企业、市场中摸爬滚打出来的，实战性是渗到骨子里的；

博瑞森的书，怎样“读”，作用好？

免费电子版，手机随时“读”

我们**90%**的书都提供**免费**的**全文电子版**，下载到手机（或 Pad、电脑）里，让惜时如金的你，获得最大程度的阅读自由！

操作方法：回复图书编号（图书定价左侧提示框内的 4 位数字）和你的邮箱地址到手机 13611149991，2 个工作日内即可在邮箱收到图书的全文电子版。

QQ 群，读者间讨论着“读”

加入“**博瑞森读者群**（202230847、190415943）”的 QQ 讨论群，你的困惑、感受和读者、作者随时深入讨论！

操作方法：入群口令为“图书名称 + 手机号”。提个醒，群里有事说事，别乱发广告、搞笑段子，会被踢的。

微信、书摘邮件，天天点滴“读”

“书太厚，不容易读”——我们通过微信公号（bookgood2005）和你的个人邮箱，提供精品书摘，便于精华快速地吸收。

操作方法:扫一扫

分类导读图 + 书目

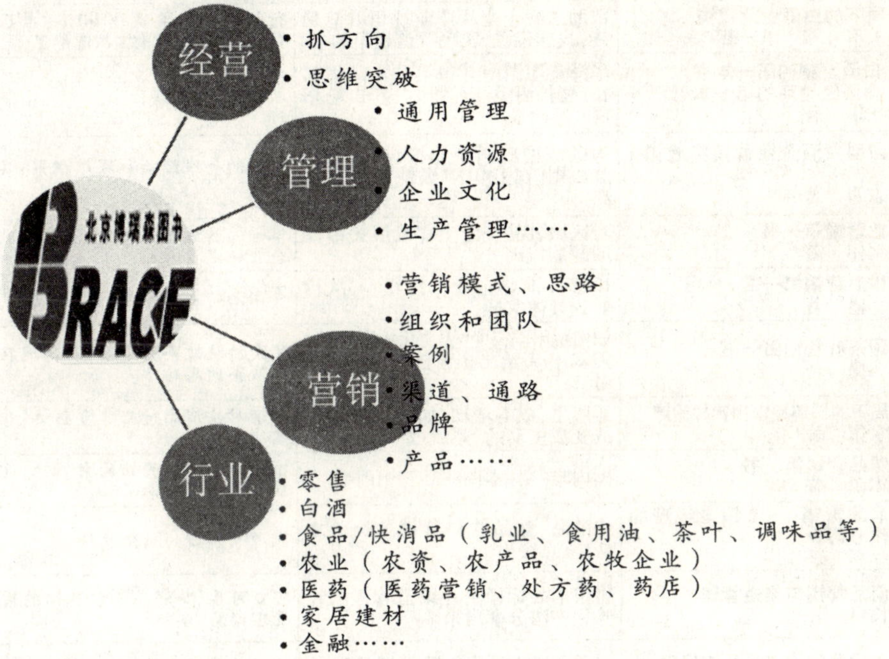

行业类：零售、白酒、食品/快消品、农业、医药、建材家居

	书名.作者	内容/特色	读者价值
零售	涨价也能卖到翻 村松达夫 【日】	提升客单价的15种实用、有效的方法	日本企业在这方面非常值得学习和借鉴
零售	1. 总部有多强大，门店就能走多远 2. 超市卖场定价策略与品类管理 3. 连锁零售企业招聘与培训破解之道 4. 中国首家未来超市：解密安徽乐城 IBMG 国际商业管理集团 著	国内外标杆企业的经验+本土实践量化数据+操作步骤、方法	通俗易懂，行业经验丰富，宝贵的行业量化数据，关键思路和步骤
零售	零售：把客流变成购买力 丁昀 著	如何通过不断升级产品和体验式服务来经营客流	如何进行体验营销，国外的好经营，这方面有启发
白酒	变局下的白酒企业重构 杨永华 郭旭 著	帮助白酒企业从产业视角看清趋势，找准位置，实现弯道超车的书	行业内企业要减少90%，自己在什么位置，怎么做，都清楚了
白酒	1. 白酒营销的第一本书 2. 白酒经销商的第一本书 唐江华 著	华泽集团湖南开口笑公司品牌部长，擅长酒类新品推广、新市场拓展	扎根一线，实战
白酒	区域型白酒企业营销实战第1书 朱志明 著	为区域型白酒企业提供35条必胜法则，在竞争中赢销的葵花宝典	丰富的一线经验和深厚积累，实操实用
快消品·食品	乳业营销第一书 侯军伟 著	对区域乳品企业生存发展关键性问题的梳理	唯一的区域乳业营销书，区域乳品企业一定要看
快消品·食品	食用油营销第一书 余盛 著	10多年油脂企业工作经验，从行业到具体实操	食用油行业第一书，当之无愧
快消品·食品	中国茶叶营销第一书 柏龑 著	如何跳出茶行业"大文化小产业"的困境，作者给出了自己的观察和思考	不是传统做茶的思路，而是现在商业做茶的思路
快消品·食品	变局下的快消品营销实战策略 杨永华 著	通胀了，成本增加，如何从被动应战变成主动的"系统战"	作者对快消品行业非常熟悉、非常实战
快消品·食品	调味品营销第一书 陈小龙 著	国内唯一一本调味品营销的书	唯一的调味品营销的书，调味品的从业者一定要看
快消品·食品	快消品营销：一位销售经理的工作心得2 蒋军 著	快消品、食品饮料营销的经验之谈，重点突出	来源于实战的精华总结
快消品·食品	快消品营销与渠道管理 谭长春 著	将快消品标杆企业渠道管理的经验和方法分享出来	可口可乐、华润的一些具体的渠道管理经验，实战
快消品·食品	成为优秀的快消品区域经理 伯建新 著	37个"怎么办"分析区域经理的工作关键点	可以作为区域经理的'速成催化器'
农业	农资营销实战全指导 张博 著	农资如何向"深度营销"转型，从理论到实践进行系统剖析，经验资深	朴实、使用！不可多得的农资营销实战指导
农业	农产品营销第一书 胡浪球 著	从农业企业战略到市场开拓、营销、品牌、模式等	来源于实践中的思考，有启发
农业	变局下的农牧企业9大成长策略 彭志雄 著	食品安全、纵向延伸、横向联合、品牌建设……	唯一的农牧企业经营实操的书，农牧企业一定要看
医药	新医改下医药营销与团队管理 史立臣 著	探讨新医改对医药行业的系列影响和医药团队管理	帮助理清思路，有一个框架
医药	医药营销与处方药学术推广 马宝琳 著	如何用医学策划把"平民产品"变成"明星产品"	有真货、讲真话的作者，堪称处方药营销的经典！
医药	新医改了，药店就要这样开 尚锋 著	药店经营、管理、营销全攻略	有很强的实战性和可操作性
医药	OTC医药代表药店开发与维护 鄢圣安 著	要做到一名专业的医药代表，需要做什么、准备什么、知识储备、操作技巧等	医药代表药店拜访的指导手册，手把手教你快速上手

续表

建材家居	建材家居营销实务 程绍珊　杨鸿贵　主编	价值营销运用到建材家居，每一步都让客户增值	有自己的系统、实战
	建材家居门店销量提升 贾同领　著	店面选址、广告投放、推广助销、空间布局、生动展示、店面运营等	门店销量提升是一个系统工程，非常系统、实战
	10 步成为最棒的建材家居门店店长 徐伟泽　著	实际方法易学易用，让员工能够迅速成长，成为独当一面的好店长	只要坚持这样干，一定能成为好店长
	卖好家具很简单：建材家居导购一本通 熊亚柱　著	生动的表现形式，让普通人也能成为优秀的导购员，让门店业绩长红	读着有趣，用着简单，一本在手、业绩无忧
工业品	解决方案营销实战案例 刘祖轲　著	用 10 个真案例讲明白什么是工业品的解决方案式营销，实战、实用	有干货、真正操作过的才能写得出来
	变局下的工业品企业 7 大机遇 叶敦明　著	产业链条的整合机会、盈利模式的复制机会、营销红利的机会、工业服务商转型机会……	工业品企业还可以这样做，思维大突破
	工业品市场部实战全指导 杜　忠　著	工业品市场部经理工作内容全指导	系统、全面、有理论、有方法，帮助工业品市场部经理更快提升专业能力
金融	精品银行管理之道 崔海鹏　何屹　主编	中小银行转型的实战经验总结	中小银行的教材很多，实战类的书很少，可以看看
	支付战争 Eric M. Jackson 著 徐　彬　王　晓　译	paypal 创业期营销官根据自己的亲身经历，讲述 paypal 从诞生到壮大到成功出售的整个历史过程	激烈、有趣的内幕商战故事！了解美国支付市场的风云巨变
餐饮	餐饮企业经营策略第 1 书 吴　坚　著	分别从产品、顾客、市场、盈利模式等几个方面，对现阶段餐饮企业的发展提出策略和思路	第一本专业的、高端的餐饮企业经营指导书

经营类：企业如何赚钱，如何抓机会，如何突破，如何"开源"

	书名．作者	内容/特色	读者价值
抓方向	让经营回归简单．升级版 宋新宇　著	化繁为简抓住经营本质：战略、客户、产品、员工、成长	经典，做企业就这几个关键点！
	公司由小到大要过哪些坎 卢　强　著	老板手里的一张"企业成长路线图"	现在我在哪儿，未来还要走哪些路，都清楚了
	企业二次创业成功路线图 夏惊鸣　著	企业曾经抓住机会成功了，但下一步该怎么办？	企业怎样获得第二次成功，心里有个大框架了
	老板经理人双赢之道 陈　明　著	经理人怎养选平台、怎么开局，老板怎样选/育/用/留	老板生闷气，经理人牢骚大，这次知道该怎么办了
	企业文化的逻辑 王祥伍　黄健江　著	为什么企业绩效如此不同，解开绩效背后的文化密码	少有的深刻，有品质，读起来很流畅
	使命驱动企业成长 高可为　著	钱能让一个人今天努力，使命能让一群人长期努力	对于想做事业的人，'使命'是绕不过去的
思维突破	跳出同质思维，从跟随到领先 郭　剑　著	66 个精彩案例剖析，帮助老板突破行业长期思维惯性	做企业竟然有这么多玩法，开眼界
	7 个转变，让公司 3 年胜出 李　蓓　著	消费者主权时代，企业该怎么办	这就是互联网思维，老板有能这样想，肯定倒不了
	麻烦就是需求　难题就是商机 卢根鑫　著	如何借助客户的眼睛发现商机	什么是真商机，怎么判断、怎么抓，有借鉴
	重生战略：移动互联网和大数据时代的转型法则 沈　拓　著	在移动互联网和大数据时代，传统企业转型如同生命体打碎与再造，称之为"重生战略"	帮助企业认清移动互联网环境下的变化和应对之道
	互联网思维下的企业战略转型 李　蓓　著	本书阐述了传统企业在互联网思维下的战略转型之路：重新定义产品——重新寻找客户——重新发现价值	利用互联网思维结合自己已有的竞争优势，你也可以创建一个有着无限成长空间的新企业

续表

管理类：效率如何提升，如何实现经营目标，如何"节流"

	书名．作者	内容/特色	读者价值
通用管理	1. 让管理回归简单．升级版 2. 让用人回归简单 3. 让经营回归简单．升级版 宋新宇　著	宋博士的"简单"三部曲，影响20万读者，非常经典	被读者热情地称作"中小企业的管理圣经"
	边干边学做老板 黄中强　著	创业20多年的老板，有经验、能写、又愿意分享，这样的书很少	处处共鸣，帮助中小企业老板少走弯路
	阿米巴经营的中国模式 李志华　著	让员工从"要我干"到"我要干"，价值量化出来	阿米巴在企业如何落地，明白思路了
	欧博心法：好管理靠修行 曾　伟　著	用佛家的智慧，深刻剖析管理问题，见解独到	如果真的有'中国式管理'，曾老师是其中标志性人物
	1. 用流程解放管理者 2. 用流程解放管理者2 张国祥　著	中小企业阅读的流程管理、企业规范化的书	通俗易懂，理论和实践的结合恰到好
	跟我们学建流程体系 陈立云　著	畅销书《跟我们学做流程管理》系列，更实操，更细致，更深入	更多地分享实践，分享感悟，分享从实践总结出来的方法论
人力资源	走出薪酬管理误区 全怀周　著	剖析薪酬管理的8大误区，真正发挥好枢纽作用	值得企业深读的实用教案
	回归本源看绩效 孙　波　著	让绩效回顾"改进工具"的本源，真正为企业所用	确实是来源于实践的思考，有共鸣
	集团化人力资源管理实践 李小勇　著	对搭建集团化的企业很有帮助，务实，实用	最大的亮点不是理论，而是结合实际的深入剖析
	人才评价中心．超级漫画版 邢　雷　著	专业的主题，漫画的形式，只此一本	没想到一本专业的书，能写成这效果
	我的人力资源咨询笔记 张　伟　著	管理咨询师的视角，思考企业的HR管理	通过咨询师的眼睛对比很多企业，有启发
	本土化人力资源管理8大思维 周　剑　著	成熟HR理论，在本土中小企业实践中的探索和思考	对企业的现实困境有真切体会，有启发
	把招聘做到极致 远　鸣　著	作为世界500强高级招聘经理，作者数十年招聘经验的总结分享	带来职场思考境界的提升和具体招聘方法的学习
	如何成功实施战略绩效管理 曹子祥　著	本书用轻松易懂的语言，将专业的理论浅显化，让绩效管理更容易	深入浅出，一本书学会做绩效
企业文化	华夏基石方法：企业文化落地本土实践 王祥伍　谭俊峰　著	十年积累、原创方法、一线资料，和盘托出	在文化落地方面真正有洞察，有实操价值的书
	企业文化的逻辑 王祥伍　著	为什么企业之间如此不同，解开绩效背后的文化密码	少有的深刻，有品质，读起来很流畅
	企业文化激活沟通 宋杼宸　安琪　著	透过新任HR总经理的眼睛，揭示出沟通与企业文化的关系	有实际指导作用的文化落地读本
生产管理	高员工流失率下的精益生产 余伟辉　著	中国的精益生产必须面对和解决高员工流失率问题	确实来源于本土的工厂车间，很务实
	车间人员管理那些事儿 岑立聪　著	车间人员管理中处理各种"疑难杂症"的经验和方法	基层车间管理者最闹心、头疼的事，'打包'解决
	1. 欧博心法：好管理靠修行 2. 欧博心法：好工厂这样管 曾　伟　著	他是本土最大的制造业管理咨询机构创始人，他从400多个项目、上万家企业实践中锤炼出的欧博心法	中小制造型企业，一定会有很强的共鸣

续表

生产管理	欧博工厂案例1:生产计划管控对话录 欧博工厂案例2:品质技术改善对话录 欧博工厂案例3:员工执行力提升对话录 曾 伟 著	最典型的问题、最详尽的解析,工厂管理9大问题27个经典案例	没想到说得这么细,超出想象,案例很典型,照搬都可以了
员工素质提升	跟老板"偷师"学创业 吴江萍 余晓雷 著	边学边干,边观察边成长,你也可以当老板	不同于其他类型的创业书,让你在工作中积累创业经验,一举成功
	销售轨迹:一位快消品营销总监的拼搏之路 秦国伟 著	本书讲述了一个普通销售员打拼成为跨国企业营销总监的真实奋斗历程	激励人心,给广大销售员以力量和鼓舞
	在组织中绽放自我:从专业化到职业化 朱仁健 王祥伍 著	个人如何融入组织,组织如何助力个人成长	帮助企业员工快速认同并投入到组织中去,为企业发展贡献力量
	用弟子规助理好事业 贾同领 著	从传统文化《弟子规》中学习企业中为人处事的办法,从自身做起	点滴小事,修养自身,从自身的改善得到事业的提升

营销类:把客户需求融入企业各环节,提供"客户认为"有价值的东西

	书名.作者	内容/特色	读者价值
营销模式	变局下的营销模式升级 程绍珊 叶宁 著	客户驱动模式、技术驱动模式、资源驱动模式	很多行业的营销模式被颠覆,调整的思路有了!
	卖轮子 科克斯【美】	小说版的营销学!营销核心理念巧妙贯穿其中,贵在既有趣,又有深度	经典、有趣!一个故事读懂营销精髓
	弱势品牌如何做营销 李政权 著	中小企业虽有品牌但没名气,营销照样能做的有声有色	没有丰富的实操经验,写不出这么具体、详实的案例和步骤,很有启发
	老板如何管营销 史贤龙 著	不要认为营销就是4个P、C、R的概念游戏,揭开营销智慧助力企业成功的内在奥秘	高段位营销16招,好学好用,老板能看,营销人也能看
	动销:产品是如何畅销起来的 吴江萍 余晓雷 著	真真切切告诉你,产品究竟怎么才能卖出去!突破产品滞销困局的实战宝典	击中痛点,提供方法,你值得拥有
组织和团队	升级你的营销组织 程绍珊 吴越舟 著	用"有机性"的营销组织力替代"营销能人",把营销团队变成"铁营盘"	营销队伍最难管,程老师不愧是营销第1操盘手,步骤、方法都很成熟
	用数字解放营销人 黄润霖 著	通过量化帮助营销人员提高工作效率	作者很用心,很好的常备工具书
	成为优秀的快消品区域经理 伯建新 著	37个"怎么办"分析区域经理的工作关键点	可以作为区域经理的'速成催化器'
	一位销售经理的工作心得 蒋 军 著	一线营销管理人员想提升业绩却无从下手时,可以看看这本书	一线的真实感悟
	快消品营销:一位销售经理的工作心得2 蒋 军 著	快消品、食品饮料营销的经验之谈,重点突出	来源于实战的精华总结
	销售轨迹:一位快消品营销总监的拼搏之路 秦国伟 著	本书讲述了一个普通销售员打拼成为跨国企业营销总监的真实奋斗历程	激励人心,给广大销售员以力量和鼓舞
案例	我们的营销真案例 联纵智达研究院 著	五芳斋粽子从区域到全国/诺贝尔瓷砖门店销量提升/利豪家具出口转内销/汤臣倍健的营销模式/娃哈哈联销体	选择的案例都很有代表性,实在、实操!
	招招见销量的营销常识 刘文新 著	如何让每一个营销动作都直指销量	适合中小企业,看了就能用
	解决方案营销实战案例 刘祖轲 著	用10个真案例讲明白什么是工业品的解决方案式营销,实战、实用	有干货、真正操作过的才能写得出来

续表

案例	中国首家未来超市:解密安徽乐城 IBMG 国际商业管理集团　著	零售企业的未来在哪里?本书深入挖掘了安徽乐城超市的试验案例,为零售企业未来的发展提供了一条可借鉴之路	通俗易懂,行业经验丰富,宝贵的行业量化数据,关键思路和步骤
产品	产品炼金术 史贤龙　著	帮助企业对打造畅销产品有一个全局性、框架性的认识	必须具备的思维和方法,避免在产品上再犯大的错
品牌	中小企业如何建品牌 梁小平　著	中小企业建品牌的入门读本,通俗、易懂	对建品牌有了一个整体框架
	采纳方法:破解本土营销 8 大难题 朱玉童　编著	全面、系统、案例丰富、图文并茂	希望在品牌营销方面有所突破的人,应该看看
渠道通路	传统行业如何用网络拿订单 张　进　著	给老板看的第一本网络营销书	适合不懂网络技术的经营决策者看
	采纳方法:化解渠道冲突 朱玉童　编著	系统剖析渠道冲突,21 个最新的渠道冲突案例、情景式讲解,37 篇专题讲义	系统、全面
	快消品营销与渠道管理 谭长春　著	将快消品标杆企业渠道管理的经验和方法分享出来	可口可乐、华润的一些具体的渠道管理经验,实战
	学话术 卖产品 张小虎　著	分析常见的顾客异议,提出破解方案,将复杂的销售程序化,将优秀的话术模块化	让普通导购员也能成为销售精英